超時空通信

鉱山地質技師であった父とめぐる中南米

seki keiko
関啓子

新評論

はじめに

　万歳三唱が、羽田空港出発ロビーに響きわたった。ロビーに詰めかけた多くの人びとが見送っていたのは三人の男性、その一人が私の父親であった。こんなにもたくさんの人が集まっている様子を見たことがない私は、父親から少し離れた隅っこ、母親と姉二人とともに借りてきたネコのように佇んでいた。一九五六年、八歳の夏、約七〇年前のことだが鮮明に覚えている。

　出発ロビーの父は、すでに「私のパパ」ではなく「会社の人」であった。三菱商事の社員一人、そしてもう一人の合計三名に対する見送りの盛大さは、まるで「この世の別れ」かと思わせるほどであった。そう、先駆的な海外資源開発（南米鉄鉱山探査）に向かうビジネス戦士の見送りであったのだ。

　この時期を境に八年間（義務教育期間のほとんど）、父と離れ離れの生活がはじまることになるとは知る由もなかった。父と私との関係は、この日から八年間、実線で結ばれることはなかった。たいそう間遠《まどお》な点線でしか結ばれなかったのである。たまに父が一時帰国していたので、言ってみれば、そのときが「点」となる。いつからだろうか、父の足跡を明らかにして、このような点をつなげて実線にしたいと思うようになったのは（断続的な出張を加えると、約一〇年間が離れ離れの日々であった）。

晩年、父が「自分史」を書きはじめた。しかし、残念ながら八九歳で他界し、この「自分史」は完成しなかった。かつての同僚や部下の人びとが、父の「自分史」を楽しみにしていたことをのちに知った。とくに、南米で苦労をともにした人々からそうした声が聞こえてきた。

そこで私は、一九九四年、父に代わって父のライフ・ストリーを書きあげようと決心した。これが、本書執筆への初発の動機である。

ところが、書きはじめていたはずの父の原稿が見つからず、「さて、どうしたものか……」と思案に暮れつつ、父の書斎にあった資料を整理しはじめた。頭をよぎったのは、どうして父と娘が長期期間にわたって離れ離れの生活を余儀なくされたのか、ということである。

そこで、まずはチリについて調べはじめたところ、中南米研究の穴場のような地域であることが分かってきた。発表されている中南米の研究・紹介論文や書籍は、もっぱらメキシコ、ブラジル、ペルーについてのものが多く、そこに付け加えられている国と言えばアルゼンチンといったところである。これらの国々は、みなさんご存じのようにサッカー・ワールドカップの常連国であるわけだが、それればかりでなく、日本との関係の深さや世界史上の位置づけなどが理由で紹介されることが多い。

もちろん、チリをめぐる優秀な研究者はいるものの、論文や書籍は少なく、中南米の概説書においてもチリに割かれている紙幅《しふく》はあまりにも少ない。そのような現状を知ると、素人ながら私は、本書においてチリの魅力についても伝えたくなってきた。何といっても、父が八年間もいた国であるからだ。

ちなみに、チリもサッカーは盛んで、一九六二年に自国開催となった第七回ＦＩＦＡワールドカップでは第三位、二〇一〇年の南アフリカ大会、二〇一四年のブラジル大会ではベスト16入りを果たしている。そして、二〇一五年のコパ・アメリカ大会では何と初優勝を飾っており、二〇二三年七月現在のＦＩＦＡランキングは三二位となっている（日本は二〇位）。


さて、父が働いていた当時のチリ経済・産業の状態および日本との関係を調べてみると、日本におけるチリでの鉱山開発は、両国との関係における第一ページ目に該当することが分かってきた。ただし、具体的な研究、少なくとも鉱山開発の実像に密着したものは見当たらなかった（探し方が不十分かもしれないが……）。

そこで、私なりの決断をした。空白の八年間を軸にして、鉱山地質技師（父）の昭和史を描こう、と。

なぜ、父は「地球の裏側」とも言えるチリに行かなくてはならなかったのか。父は、チリでどのような生活をしていたのだろうか。チリとはいったいどういう国なのか。とりわけ、父の鉱物探査地となったアタカマ砂漠（Desierto de Atacama）とはどういうところなのか……。

　これらの問いに答えを出すことができれば、八年間の点を実線に変えることができるかもしれない。と同時に、チリと日本との関係史にささやかな光を当てることができるかもしれない。

　いささかテーマ設定に個人的すぎるきらいがあるが、まんざら、そうとも言えないだろう。日本で暮らした父親世代の人びとは、その多くが波瀾万丈の人生を余儀なくされたからだ。第二次世界大戦に向かう過程である価値観を植えつけられ、「お国」のために滅私奉公を強要され、その挙げ句、戦地に向かった多くの兵

チリ北部、アンデス山脈と海岸の間に広がるアタカマ砂漠。写っている山は、ボリビアとの国境にあるリカンカブール山（5916メートル）

士は塗炭《とたん》の苦しみを舐めている。それでも、戦後に帰国できた人はまだいい。なんと多くの人びとが無残な死を遂げたことか。

一方、国内にいた年配者と女性、そして子どもたちも、これまたひどく悲惨な生活を送ってきた。多くの子どもたちが栄養失調となり、薬もなかったために幼い命を落としている。

会ったことがない私の兄（弘武）や姉（由喜子）も、戦中にそれぞれ四歳で病死している。姉の由喜子は、子どもなら誰でも好きである甘いものを口にしたことがなかったため、ようやく手に入れたお菓子を口にしても「吐き出した」と聞く。あどけなく澄んだ瞳のかわいい彼女の写真を見るにつけ、このような事実を思い起こすたびに、胸がかきむしられる思いがする。

一方、兄の弘武は、時期が時期だけに「将来は大将になるよ」と言っていたそうだが、あるときから「大将は嫌だよ。リュックサック背負って、ハンマー持って、ゆきちゃん（妹の由喜子）をおぶっていくんだ」と言い出したという。そう、この出で立ちは、父が鉱山地質調査のために出張する際の格好である。お父さんのようになりたい、という子どもの夢だった。そんな夢も叶えられることはなかった。

父親世代の多くは、時代に邪魔され、進みたい人生を諦め、生き方を変えざるをえなかった。だが、この世代の人びとが、戦後、焦土と化した大地にしっかりと足を下ろし、復興に貢献したのだ。彼／彼女たちは、お上《かみ》からの二度にわたる価値観の変容を経験したうえ、命をかけて闘い、一時期、日本をGDPで世界第二位の国にまで押し上げた。

父たちの世代のライフ・ストーリーは、一つ一つは小さいかけらであっても、大きな物語においては不可欠となる一部であり、昭和史を知るためにはなくてはならないパーツとなる。このような小さなパーツの一つを、血の通った「名もなき物語」（村上春樹『猫を棄てる』文藝春秋、二〇二〇年、一〇〇ページ）として蘇らせたい。

父のライフ・ストーリーは、地下資源の乏しい日本における「地質屋」としての生きざまと言えるだろう。多くの鉱山地質技師が、戦中も戦後も、資源開発のために過酷な地域において長期にわたって活動した。父の場合は、戦中はインドネシアのパレンバンで、戦後はチリのアタカマ砂漠で資源開発に従事してきた。

鉱山地質技師の役割とは、魅力的な鉱脈を発見し、開発に必要な基盤を整備し、開発事業を軌道に乗せるまでとなる。収益を上げる段階にはかかわらないから、華やかさはない。どう考えても、地質屋の仕事というのは間尺に合わない。

こうした割にあわない労働によって日本の経済・社会を支えた縁の下の力持ちたちの軌跡を追い、「海外資源開発」というひと言ですまされてしまうような事象を現地目線で捉え、鉱山地質技師の昭和史を部分的にでも描き残すことができたら……それが、私たち世代の存在証明となるかもしれない。

もくじ

第3章　チリの小さな博物誌――リャマとその仲間たち　83

第4章 鉱山地質技師の昭和史　103

第2章　チリの自然に魅せられて　172

第3章　世界史の1ページ――大統領アジェンデの苦闘　192

第4章 民族と格差の問題 214

超時空通信——鉱山地質技師であった父とめぐる中南米

お断り

本文での表記において、敬称はすべて割愛させていただきます。ご容赦ください。
なお、父の手記を引用する際、［　］で補足を行っています。

第1幕

フロントランナー1
父が生きた時代とチリの人と自然

浅間嶽観音堂（群馬県吾妻郡嬬恋村）を訪れたときの父（関武夫）

第1章 アタカマ砂漠に鉄鉱石を求めて

羽田から南米へ

父を乗せた飛行機のプロペラが一つずつ回りはじめた。一九五六年当時の飛行機は、国際線もプロペラ機であった。まずはゆっくりと、次第に高速で回転し、機体が動きはじめる。デッキで見送る私は、飛行機の曇った窓ガラスからうっすらと見える人影に向かって懸命に手を振った。その人影が父であるという確信はなかったが、手を振らずにはいられなかった。

父を乗せた飛行機は、まずウェーク島(1)、ついでハワイに着陸し、そこで飛行機を乗り換えてサンフランシスコに渡り、それからロスアンジェルスを経由してメキシコで一泊。そして、ペルーに向かった。さすがに大旅行であるが、父の手記によると、あまり苦にもせず、悠長であるゆえの「旅の味わい」を楽しんだように思える。

中米の国やコロンビアの空港で翼を休めてゆくので、現在「一九八〇年代半ばのこと」とちがってのんびりした空の旅であった。時間は随分かかったが、特に目的がなければ立ち寄らないこれらの国々の空港付近の景観を見ることができて、興味深いものがあったが、特にガテマラの空港の売店には現地の産する土産物が沢山あり、印象に残った。（手記より）

父は、一九五六年から一九六三年までに三回、その後も何回かに分けて南米暮らしが続いたわけだが、長いときには三年一〇か月も家を空けていた。父が帰国するたびに羽田空港まで迎えに行ったが、あまりにも長く父の「実物」を見ていなかったので、メガネをかけた父と年齢が同じくらいに見える男性に向かって、「おかえりなさい！」と元気よく手を振ったところ、姉から「パパじゃないわよ」と言われた記憶がある。正直、顔を忘れそうになるほど長く逢えなかった。

（1）アメリカ領。第二次世界大戦下の一九四一年から一九四四年にかけては日本軍が占領統治し、「大鳥島《おおとりしま》」と呼ばれていた。

ミニ知識

飛行機の発展

本文に書いたように、最初の渡航時は4発のプロペラ機、次はターボジェット機、3回目の渡航でやっとジェット機になった。父の出張の歴史は、まるで海外旅行用の機種の発展史さながらである。なお、当時、羽田からサンティアゴを目指した場合、所要時間はどのくらいかかったのかと思い調べてみると、1960年にカナダ航空でサンティアゴを目指した吉川恵章の記録によれば、羽田、アンカレッジ、バンクーバー、メキシコ・シティ、リマ経由でサンティアゴまで54時間余りかかったそうだ（吉川恵章『金属資源を世界に求めて』1992年、信山社、12〜15ページ）。

三菱鉱業から派遣され、鉄鉱石開発事業の先遣隊の一員としてチリに向かった父だが、私は旅立っていった先のチリがどんなところか分からないままに（教科書的な知識はもっていたつもりだが）、父から聞かされる断片的な思い出話だけで「チリはいいところなのだ」と思いこんでいた。

たとえば、「朝食の、搾りたてのフレッシュ・ジュースはおいしかった」と、サンティアゴでの様子を父は懐かしんでいた。たしかに、サンティアゴを中心とする地帯は地中海性気候のため、温暖で乾燥しており、過ごしやすい地域である。農産物にも恵まれているほか、ワインは飛びきりおいしい。さらに、どこまでも澄み切った空の青さも素晴らしい！

とはいえ、父が鉱物資源調査に取り組んだ地域はチリ北部のアタカマ砂漠であり、サンティアゴとは環境が大きく違っている。しかも、日本の資源開発を目的にしたチリへの進出は本格的なものではなかったため、受け入れ準備がまったく整っていないという時代であった。言うなれば、父たちはフロント・ランナーであった。

チリの北部とはどういうところなのか。アタカマ砂漠（一部アタカマ高地）について、少しばかり調べてみた。分かったことは、とんでもない地域だということ。想像を絶するほど過酷な鉱物資源調査地、それがチリの北部であった。

アタカマ砂漠

父が向かったアタカマ砂漠、まずどこにあるかといえば、太平洋とアンデス山脈との間に位置している。アンデス山脈は、アコンカグア（六九六〇メートル）をはじめとして標高六〇〇〇メートル級の嶺が連なり、七か国にまたがっている。チリは、「母なるアンデス」に抱かれるように位置している国なのだ。

チリの人々は、アンデスという峻厳な霊峰によって護られているという安心感をもつ一方で、もしかしたら一種の「陸の孤島」感を抱いているのかもしれない。

ご存じのように細長く、南北四三三〇キロにも及ぶ国チリは、一般的には五つに区分できる。北から順番に挙げると次のようになる（二四ページの地図参照）。

❶南北九六〇キロの砂漠地帯（アタカマ砂漠、アタカマ高地）
❷約六五〇キロの半砂漠地帯
❸肥沃な谷間である中部チリ（首都サンティアゴはここに位置している）
❹森林と湖沼地帯
❺氷河とフィヨルドのパタゴニア（以上、向一陽『アタカマ高地探検記』中公新書、一九七四年、八九ページ参照）

アタカマ砂漠の東方を占めるアタカマ高地は、チリとアルゼンチンの北部国境にまたがる高地で、起伏の激しい高所砂漠である。標高七〇〇〇メートル近い火山が群立している。『アタカマ高地探検記』の筆者である向一陽《むこういちよう》（当時、共同通信社記者）たちは、チリの研究者たちとともにこのアタカマ高地を探検した。その記録を読んでいると、想像を絶したすさまじい地域であることが行間からにじみ出てくる。というよりは、「過酷さ」が噴き出してくる。

徹底的に乾燥し、草一本生えず、強風にさらされるうえに寒い。激しい砂埃に悩まされ、酸素が薄いために高山病に見舞われやすい。さらに、動物の死骸や骨が散見される。この本の帯に謳われているように、「世界最悪の場所」なのだ。

アタカマ砂漠は「乾燥度世界一」と言われ、地球上でもっとも高いエリア（平均標高二〇〇〇メートル）にある砂漠のため「天空の砂漠」とも言われている。南北約一〇〇〇キロ、東西四五〇キロとなる広大な砂漠で、その面積は九州の約三倍。チリばかりでなく、ペルー、ボリビア、アルゼンチンにまで砂漠は広がっている。

見わたすかぎり石ころが転がる砂地、砂丘、そして岩山が茫々と連なる茶褐色の風景が続く。雨が降らないため極端にまで乾燥している。カラマ（Calama）という町にいたっては、五年に一回くらいしか雨が降らないという。

乾燥していて湿気がなく、澄みわたった真っ青な空が広がり、見上げれば、清新な心もちで天空に吸いこまれるような気がする。動く生きものは見当たらず、その静謐《せいひつ》さに時間が止まったような錯覚に陥ってしまう。日中強い陽ざしが射すと、砂地は真っ白あるいはベージュ色に輝く。行けども行けども、果てしない砂

アタカマ高地

と岩。カラカラに乾燥した世界。夜ともなれば、空には満天の星があふれる。

このようなことが、前掲書をはじめとして、後述する『中南米ひとり旅』（富山妙子、朝日新聞社、一九六四年）などから読み取れるが、どうやら、これらがアタカマ砂漠の実情のようである。

こんなところに、どうして行かなくてはならなかったのか。いったい、どうすればこんなところで生活できるのだろうか。

とはいえ、このアタカマ砂漠には人を惹きつけるだけの途方もない魅力がある。それは、銅、鉄などが埋蔵されている地下資源の宝庫であるという事実である。「銅といえばチリ」と言われるほど、銅産業はチリの生命線となっている。ちなみに、一九八二年における銅の生産量は「世界一」であった。なかでも、チュキカマタ銅山（港のあるアントファガスタの北東二一〇キロ、標高二七〇〇メートル）は、度肝を抜かれるほど広大な露天掘りでよく知られている。

チュキカマタ銅山。©Diego Delso, delso.photo, License CC-BY-SA

南米までなぜ行くのか――日本の事情

「はじめに」でも触れたように、なぜあれほどの大げさな見送りを受けて、父たちは旅立ったのかというと、企業を挙げての、否、日本経済そのものにおける重要なミッションを担っていたからである。

その根本は、日本が資源のない国であることに起因している。地下資源の不足が戦後の経済発展のネックとなっていたため、海外からの資源調達が必須であった。とくに、資源を安定的に確保するためには現地での資源開発が不可欠となり、父たちは南米まで出掛けることになったわけである。

その経緯を手短に綴れば次のようになる。

戦後日本の経済は、「朝鮮戦争」という神風（特需景気）が吹いた三年間で息を吹き返し、一九五三（昭和二八）年ころから経済発展の勢いがつきはじめた。この年は、のちに「電化元年」とも呼ばれるようになるが、テレビ・冷蔵庫・洗濯機が「三種の神器」としてもてはやされ、電化製品の生産が大いに伸びた。

こうなると電力消費が増え、設備投資も拡大し、機械設備を造るための鉄鋼生産も増える。「こうして、日本経済は特需依存経済から脱却し、高度成長の軌道にのった」（参考文献45、七三ページ）わけである。

民間設備投資の年間増加率が二五パーセント程度に及び、三五パーセントを超えた年も三回あったというから、すさまじい経済成長であった。ちなみに、鉄鉱石から直接に製造された銑鉄《せんてつ》の生産量は、一九五〇年から一九六〇年の間に何と五・三倍にもなっている（参考文献45、七四ページ参照）。

ここで、日本経済は深刻な問題にぶち当たった。それは、鉄鋼生産のための原料となる鉄鉱石が国内になく、海外からの輸入に頼っているという現状である。そのため、海外での資源開発に拍車がかかることになった。

戦後初期は、戦争という歴史的背景に加えて輸送費が安いという立地条件から、東南アジアが海外資源開発の中心であったが、それだけでは需要が賄いきれず、昭和三〇年代（一九五五年～）に入ってからは、カナダや南米へと探鉱と開発の地域が拡大されていった。

日本政府は、「海外鉱物資源開発協力協会」（民間ベースで一九五七年に設立される）の活動に七五パーセントの補助金を交付することとし、官民協力による海外資源開発体制の基盤がつくられた（『金属資源レポート』二〇〇五年一一月、九七～九八ページ参照）。そして、一九六二年には、海外経済協力基金と鉱業会社二二社の共同出資によって、「海外鉱物資源開発株式会社」が設立されている。

このような背景のもと、父は南米のペルー、さらにはチリにまで探鉱のために出掛けることになったわけである。

参考までに述べると、チリを世界的に有名にした鉱物がもう一つある。チリ硝石（硝酸ナトリウム［$NaNO_3$］を主成分とする鉱物）である。一八二〇年頃、同じくアタカマ砂漠に広大な硝石の鉱床が発見され、一時期、世界中にブームを巻き起こした。一九一三年、チリの輸出に占める硝石の割合が七一・三パーセントにまで上ったほどである。

しかし、第一次世界戦争中にドイツで人工硝石がつくられるようになると輸出量が大きく下がり、硝石ブームも終焉となった。それに代わって注目度を高めたのが、先ほど述べた鉄鉱石である。

砂漠のなかでの探鉱に協力してくれた動物たち

アタカマ砂漠には鉱物が豊かに眠っているとはいえ、良質で、採算の取れる鉱山を見つけるという探鉱作業は至難の業である。しかし、それが父の仕事であった。

アタカマ砂漠は、太平洋岸から東に向かって階段状に山地となってアタカマ高地に連なるため、アタカマ砂漠での鉱物資源調査となれば、平地ばかりでなく山地も探査することになる。当然、「山歩き」が強いられる。

幸い、若いころの趣味が登山であったことが役に立った。高山病への対応も身についていたので、同行者が高山病で動けなくなっても父は無事であったようだ。

砂漠での鉱物資源調査と移動には危険と恐怖が伴う。作家の田中小実昌《こみまさ》（一九二五～二〇〇〇）が『サンチャゴふらふら』（トラベルジャーナル、一九九二年）という本において、日本国内の砂丘を歩いた際の恐怖を次のように書いているので紹介しておこう。

……見えるものは砂ばかり、ニンゲンなんてだれもいないし、またなにかがあらわれそうもない。

砂の山をのぼりだすと、砂がざらざらくずれてきてのぼりにくいし、砂のほかは、頭の上に青い空があるだけだ。たったあれくらいの砂丘だが、ぼくは恐怖心がわいてきた。砂ばかりというのはこわい。

そして、やっと砂山をよじのぼると、また砂の谷で、その向こうに砂の山がある。ぼくは怯えやすい性格か。絶望的になった。（九四ページ）

日本国内にある砂丘とはいえ、砂の恐ろしさが十分伝わってくる。ましてやチリ北部のアタカマ砂漠ともなれば、そこでの探鉱作業は並大抵なことではなかったと思われる。

こうした鉄鉱床の調査では、移動手段の頼りはジープか馬となる。父には乗馬の経験がなかったため、最初のうちは馬に乗っての移動に苦労したようだ。騎乗者が初心者と分かると、馬のほうがサボタージュを決めこむことがあったという。

標高三〇〇〇メートル以上の山岳地帯ともなると、馬ではなくラバ（mulo。オスのロバと雌の馬との交雑種）が活躍した。「ラバは早く走ることは無理であるが、山の傾斜地を黙々と辛抱強く登って」（手記）くれ、急斜面では人間が降りて手綱で誘導したともいう。

忘れてならないのは、資材を運搬したロバ（burro）の活躍である。荷運びにはリャマ（llama・アメリカラクダ）も役立ち、岩山でも平気で荷物を運んだようだが、いかんせん重い荷物の運搬は無理である。そのため、何頭ものロバを用意した。当然、これらの動物たちが食べる草と水のあるところを事前に調べておくことも仕事の一つとなった。

ロバはかなりの重量の運搬に耐えるので、大いに役立ってくれたようだが、荷物を載せる際に、てこずることがあったという。「［当地の］俗語に強情っパリの人のことをブロ［ロバ］のようだ、というのがある」と、手記に書かれていた。

鉱物資源調査の助っ人とコカ

鉱物資源調査は、先住民の協力なくしてはできなかった。父たちが馬で移動し、先住民たちが調査用資材や野営用具と食料などを積んだロバを追いながら歩いてついてくる。標高四〇〇〇メートルあたりで野営したときの様子が、手記には次のように書かれていた。

先住民たちはわたしたちの天幕を張り終わって、食事をすましてから寝につくわけであるが、彼らはウマやロバの荷物や鞍を外し、それらを風よけにして、その陰に体をできるだけ小さくして、ポンチョを被っただけで眠るのである。私達が天幕の中でシュラーフザック［登山用具。寝袋］の中で、毛布にくるまっていても寒いのに、どうして彼らは眠れるのであろうか。聞いてみると、コカの葉を噛んでいるからであると答える。（手記より）

コカの効用に関しては、「先住民たちに言わせると、コカの葉を噛むと、空腹も疲労も、そして睡眠不足も吹き飛ぶので、厳しい農作業や長旅には欠かせない」と手記に書かれていた。麻薬であるコカインの原料となる野生のコカもあるというが、当時は、標高五〇〇〜一〇〇〇メートルの亜熱帯林地域で密かに栽培されていたようだ。また、「先住民がコカを噛む習性は遠くインカ、及びインカ以前に遡ることが、発掘された土器により明らかにされている」とも手記に書かれていた。コカの利用は日本人の生活慣習からはかけ離れているが、厳しい自然環境のなかを生き抜くインカの人びとにとっては、必要とされるときに活用する「活性剤」のようなものであったのだろう。

のちに触れるノーベル文学賞を受賞した詩人ネルーダ（Pablo Neruda, 1904～1973）がチリ人の祖先として敬った「アラウカノ族」（先住民）との付き合いもあったようだ。「アラウカノ（Araucano）を雇用した」というメモが残っているほか、「見るからに精悍な顔つきをしており、仕事ぶりは極めて真面目であるが、愛想はいい方ではない」と、アラウカノ族に関する記述を手記で見つけている。

父の手記には、先住民やメスティソ（白人とアメリカ大陸先住民との混血者）についてのデータが記されており、彼／彼女たちの特徴をできるだけ理解しようと努めていたことがうかがえる。異文化理解といった概念が一般化されるはるか以前のことだが、手記から察するに父は、チリの歴史やアンデス文明史を学習することによって民族理解を深めようとしていたようである。

ヒヤヒヤ、ドキドキ

アタカマ砂漠内の移動ばかりではなく、砂漠と首都サンティアゴとの行き来も仕事の一つであった。拠点のコピアポ市（アタカマ州の州都）からサンティアゴに打ち合わせに行く必要がよくあったからである。

チリ国内を移動する際には、ローカル・ラインの航空会社「ＬＡＮ（Línea Aérea Nacional）」を利用した。双発のＤＣ６で、プロペラ機である。「何度も往復しているうちに顔なじみになり、機長がわたくし［父］を呼んで操縦席の隣に座らせて、何かと話をしてくれた」と手記にあるから、往復した回数は半端なものではなかったようだ。

人懐っこいチリ人との交流には安らぎを覚えたようだが、小型機での移動においては、そうともばかりは言っておれない出来事もあった。

Douglas DC-6B N93117 delivered to Western Airlines on October 9, 1956

山の方へ入ると狭いキャニオンの中を通り、今にも岩壁に翼をぶつけはしないか冷や冷やさせられた。（手記より）

肝を冷やしたといえば、ペルーとチリを結ぶ「パンアメリカン・ハイウエイ」でのことが書かれている。このハイウエーはペルーとチリの海岸地帯に広がる砂漠を通っているのだが、当時は未舗装のところもあり、車両が砂にはまった場合を考えて必ずスコップが用意されていた。砂から抜けられない様子を思い浮かべるだけでもヒヤヒヤするが、ペルーの内陸エリアには狭隘《きょうあい》なキャニオンに沿ったところもあるようで、これまた恐怖を禁じえない。

ペルーの首都リマから北へ六〇キロのチャンカイ（考古学で有名なところで、のちに触れる）に向かう中間あたりに大砂丘が海岸にまでせり出したところがあり、ハイウエーはその中腹を、カーブを繰り返しながら走っていく。

リマからくれば左側は一〇〇メートル位の断崖で太平洋の荒波が打ち寄せており、右側は砂丘の崖。（手記より）

しかも、車の往来が激しいうえに猛スピード。ここを時速一〇〇キロで飛ばす運転手に「スピードを落とすように」と言うが、「車が続いているから速度を落とすとむしろ危ない」という返事。何回も北部にまで旅をしたようで、「いつもここを無事に通過するごとにホッとした」と手記には書かれている。

砂漠にキツネ？

アタカマ砂漠は、言うまでもなく、水や緑のない岩山である。とはいえ、谷底だけに水流が現れるといったところもある。そこには牧草が生え、山羊や牛が群れており、ポツンと一軒の農家が現れるといった光景も見られる。なんともひと気の乏しい、乾いた風景である。

殺風景ななかで、楽しいサプライズもあった。コピアポ市の北西三〇キロ余りの標高約一〇〇〇メートルの高原で発見された鉄鉱床を調査していたときのことである。

チリ人たちと山小屋を造り、そこに寝泊まりして調査活動に取り組んでいたが、昼食時にふと一〇〇メートル位先を見ると、犬ほどの大きさの動物がいた。

一頭だけでなく、あっちの方角、こっちの方角といった具合に数頭姿を現し、ジッとこちらをみている。そして少しずつこちらに近づいてくる。（手記より）

ミニ知識　動物学にかかわる資料

父は、Dr. Mann や Dr. Housse などの動物学にかかわる論文や書籍を探し、チリの書店で買い求めている。前者ギジェルモ・マン・フィッシャー（Guillermo Teófilo Federico Mann Fischer, 1919〜1967）が書いたチリ大学動物研究室報告 No.3（1958年）の「チリの野生哺乳類の種の決定のためのキー」を読み、ノートまでつくっていた。一方、ラファエル・オウセ（Rafael Housse P.・生没不詳）によるチリの野生動物の新分類からも細かいノートを作成し、両ノートの枚数を合計するとかなり大部となる。手記にたびたび登場するのは以下の書物である。

・Guillermo Mann F., 1958, Clave de determinacion para las especies de mamiferos salvestres de Chile
・Rafael Housse P., 1953, Animales Salvajes de Chile, en su clasificacion Moderna

どうやら、弁当の香りを鋭い嗅覚で嗅ぎつけて集まってきたようだ。この動物の正体、キツネであった。

こんな砂漠で、いったい何を食べて生きているのだろうか。弁当の残り物を小屋の付近に置いておくと、調査チームが寝静まったころにキツネが小屋の近くにやって来て、その残りものを食べていくという。

「こんな日が幾日も続いているうちに、キツネたちは我々が危害を加えないと感じたらしく、しだいに近づいてくるようになり、遂には数メートルのところまで近寄ってきて、我々が餌をもって声をかけると犬みたいに尻尾を振ったり」、「餌を足元におくと、オズオズそばに寄って来てそれを咥え」、サッと数メートル飛びのくといった動作を繰り返すようになったと手記に書かれていた。

こうしたことが続けば、もしかすると「体に触れさせくれるかもしれない」（手記）と楽しみにしていたようだが、その交流はあっけなく幕を閉じた。ある日、チリ人の一人が飼犬を連れてきたからである。それ以来、残念ながらキツネが姿を現すことはなかったという。

さて、父の手記には、Dr. Housse や Dr. Mann の論文に学び、チリにおけるキツネの生息状況が書き留められている。チリには二種類のキツネ（chilla, culpeo）が生息しており、調査小屋の近くに現れたキツネは、生息地域と大きさから判断して俗に「Zorro colorado（赤キツネ）」とか「culpeo cordillerano（山キツネ）」と呼ばれる仲間であろうと、父は推測していた。

それにしても、砂漠にキツネ、どうも平均的な日本人である私にはイメージができない。

宝の山を見つける！

「資源調査のために岸壁によじ登り、危機一髪という経験をした」と、笑って話してくれたことがある。笑える話ではないだろう、と思ったものだが、と同時に、アタカマ砂漠の調査なのにどうして岸壁に挑んだのか、と不思議な感じがした。

父が書いた論文「チリ国鉄鉱事情とアタカマ鉱業」（『鉱山地質』14（67）、一九六四年、二八六～二九一ページ）を読んで、その謎が解けた。

父たちは、南米太平洋側の鉄鉱資源調査のためにペルーの沿岸地帯を最初の調査地に選んだわけだから、岸壁へのアタックが行われたことも頷ける。約二か月間ペルーの鉄山を歩き回ったが、開発に適した対象地が見つからず、チリへの調査に移行したという。そうして遭遇したのが「ラス・アドリアニタス（Las Adrianitas）鉱床」であった。一九五六年一一月のことである。

チリに移動して、探査申請の出された山々を見て回っても調査意欲を掻き立てられることがなく一か月半が経ち、最後に出くわしたのがラス・アドリアニタスであった。それまでの調査が思わしくないことは手紙で母に伝えられており、父の無事と成功を念じて母は、懸命に仏壇の前で手を合わせていた。遠く離れた日本で、母は心の中で鉱物資源調査に参加していたのである。

さて、ラス・アドリアニタス鉱山はアタカマ砂漠の真ん中に位置しており、付近一帯は一〇〇〇メートル級の山地という地形で、大小の砂丘がある。父の論文によれば、高品位鉱の埋蔵量を誇る鉱山は、アタカマとコキンボの両州の海岸から数キロの所に南北五〇〇キロにわたる鉄鉱帯を形成し、その一部にラス・アドリアニタス鉱山が位置している、とある（次ページの地図参照）。

当時、チリ資本が開発するといった主要鉱山は例外で、鉱山の多くはアメリカ資本によって開発されていたため、手つかずの鉱床を日本が開発するというのは画期的なことであった。

チリの主要都市

リマ
クスコ
ペルー
ボリビア
ブラジル
イキケ
チュキカマタ
パラグアイ
アントファガスタ
チリ
ラス・アドリアニタス
コピアポ
アルゼンチン
太平洋
バルパライソ
ウルグアイ
サンティアゴ
ブエノスアイレス
テムコ
プエルトモント
プンタ・アレーナス

元チリ鉱山局長のマルティン・ロドリゲス（Martin Rodriguez）が一九六一年に書いた鉄鉱埋蔵量のデータによれば、アルガロボ鉱山（El Algarrobo）が七〇〇〇万トンと突出しているなかで、ラス・アドリアニタス鉱山は一〇〇〇万トンと、四番目（一〇鉱山およびその他小鉱山のなかで）の埋蔵量であった。

ラス・アドリアニタス鉱山は、アタカマ砂漠の南端にあるオアシス都市、コピアポ市の北方約三二キロに位置しているため、本格的な調査、起業準備、操業段階になると、調査関係者・従業員はコピアポ市に居住して、専用バスで通勤していた。アタカマ砂漠のなかの開発地としては悪くない条件と言える。しかも、コピアポ川の沿岸にはリボン状に緑地が分布している。

コピアポ市はサンティアゴの北方八一五キロに位置しており、父にとっては重要な活動拠点となった。また、コピアポ市はアタカマ砂漠一帯で産出される銅や鉄の集散地であり、一九六〇年前後の人口は約三万人であった。

このあたりは一〇年に一度か二度雨が降るといった程度で、足掛け八年いた（継続的に八年間、その後、断続的に何度か）父も、降雨を経験したのはたった二回である。ある朝、ベッドの上で「久しぶりの雨だれの音を聞いたときにはうれしくなった」とも手記には書かれている。

ちなみに、もう一度は道路が冠水するほどの大雨であったようだ。しかし、雨のあとで素晴らしいサプライズがあった。お花畑が出現したのである。まるで、ディズニー映画『砂漠は生きている』[2]の一場面のようであったという。

百花繚乱のお花畑の出現、砂漠の神秘に生命の不思議を実感し、感動した様子が次の一文から読み取れる。

この思いもかけない美しさに、花束を作って家に持ち帰ったが、よく見ると、これらの草花にはアブラムシがいっぱいついていた。何年も気長に雨を待っていたのは植物の種だけではなく、虫も待っていたのだろう。（手記より）

コピアポ市で、父は借家暮らしをしていたことがあった。庭にオリーブの木が一本あり、あるとき、そこにハチドリらしき鳥がいるのを発見した。南洋の華麗な翼の色で知られる種類とは色が異なる、褐色の地味な鳥であったが、ホバリング（羽を忙しく羽ばたかせながら一点に静止）をし、花の蜜を吸う姿を目撃した父は、「ハチドリにちがいない」と、さっそくチリで刊行されていた『チリの鳥類』という本で調べた。ハチドリにはさまざまな種類があり、たしかに色が地味なものもいることが確認できたという。

父の手記には、調べたハチドリの種類と体長などといった特徴が、延々とスペイン語で書かれている。家族と離れ、無味乾燥な砂漠で危険が伴う仕事に就いている父は、たぶん、潤いや安らぎを求めていたのであろう。ハチドリの登場が父に潤いを与えたにちがいない。

生きものたち（動植物）との出合いに喜び、その動植物について思わず調べたくなる。無性の「調べ好き」であったことも、砂漠での生活において心が弾む瞬間を生み出していたように思える。その素地は、東北帝国大学に入学する前に学んだ東京の中等教員養成学校（筑波大学の前身）と、卒業後の旧制中学校における教員生活を通して培われたと思われる。

アタカマ鉱業有限会社の設立

鉱山開発に話を戻そう。

ラス・アドリアニタス鉱山の調査が進み、一九五七年三月、鉱業権者との間で二年間の探鉱オプション契約が結ばれた。父はベースキャンプを設営する必要から一度帰国し、同年五月には九名の第二次調査団を組んで、再度チリに向かった。鉱物資源調査ばかりでなく、鉄鉱石を日本に向けて積み出す準備として、道路や港湾関係の事情調査にも取り組む必要があったのだ。

（2）　ウォルト・ディズニーが一九五三年に制作したドキュメンタリー映画で、舞台となったのはアメリカ南西部に広がる砂漠である。

「海外資源開発」と、こともなげに表現されることが多いわけだが、実際のところ海外資源の開発は、鉱物資源調査からはじまり、採掘の計画・実施、採掘された鉱物資源の日本への運搬まで、とんでもなく面倒な過程を踏む必要がある。いささか専門的になるが、行われた地質関連の作業を列記すれば次のようになる。

「鉱区内地形図の作成（縮尺1：1000）、地質調査、鉱床のトレンチ調査[3]、鉱区全般の磁力探査、試錐用道路の造成、Adrianitas 鉱体と磁力探査により発見された Raul 磁気異常部の試錐調査（孔深、計約一〇〇〇メートル）、鉱山、道路および港湾保護のための鉱区の設定など」（参考文献28、二八九ページ）

これらの調査が意外に難航し、鉱業権者とのトラブルもあって、鉱区を買収したうえで現地法人の鉱山会社をつくるまでに二年半もの期間を要している（現地の人たちは、会社設立の速やかさに驚いたようだが）。

こうして、三菱鉱業と三菱商事との合弁（出資比率は五〇パーセントずつ）による「アタカマ鉱業有限会社（Compañía Minera de Atacama Ltda.）」が現地法人として設立された。開発費四〇億円の全額を、三菱鉱業と三菱商事が負担している（『地質ニュース』産総研地質調査総合センター、一九七三年一月号、四五ページ参照）。『三菱鉱業社史』（三菱鉱業セメント株式会社総務部社史編纂室、一九七六年）によれば、一九五九年二月二六日、三菱鉱業と三菱商事との折半出資により「チリ　アタカマ鉱業有限会社」が設立された、とある。

時同じく、日本側では「千代田鉱石輸送株式会社」が創設され、鉱石輸送の専用船（三万六〇〇〇トン級）二隻が建造されている。

しばらくして、クラッシング・プラント[4]が造られ、ラス・アドリアニタス鉱山から西のカルデリジャ（Calderilla）湾に向けて約五六キロの輸送道路が造成された。カルデリジャ湾には機械積港（カルデリジャ港）も建造され、鉱石積み出しの準備が整った。

このように見ると、相当大掛かりなプロジェクトであったことが分かる。

そして、一九六〇年一〇月、「Raul 鉱体第1ベンチの鉱石を満載した第1船、Santa Lucia 丸が日本向に Calderilla 港を出港」した（参考文献28、二八九ページ）。父をはじめとして、開発当初から携わり、にっちもさっちも行かないという難局をいくつも乗り越えた人たちは、船を見送りながら感無量であったにちがいない。

（3）活断層の過去の活動を知るために、断層を横切る方向に細長い溝を掘って地層を露出させるという調査のことで、断層を挟んだ地層のずれ方や地層の年代が調査される。

（4）一般土木建築コンクリート用砕石および砕砂、アスファルト・コンクリート道路の舗装用砕石、道床用砕石などを製造する設備。

さて、出鉱計画だが、当初は年間三〇万トンであったが、徐々に増産し、「一九六四年度には五〇万トンになる」と、父は一九六三年に書いている。

当時の主要鉄鉱山の推測生産量を年単位の生産規模で見れば、アルガロボ鉱山が二五〇万トンと抜きんでており、それにエル・ロメラル鉱山（El Romeral）が一五〇万トンと続く。ラス・アドリアニタス鉱山の生産量は五〇万トンであった（参考文献28、二八八ページ参照）。

また、開発した「主要鉱床(5)はラウル（Raul）、アドリアニタス（Adrianitas）の二鉱体で、アドリアニタス鉱体は標高一〇八一メートルの独立山の山頂部を占め、ラウル鉱体はその西南の山腹に位置して」いた（参考文献28、二九〇ページ）。

ラス・アドリアニタス鉱山の鉄鉱石採掘は露天掘りであった。鉄鉱石の採掘から船積みまでの工程（開発様式）は、次に示すように二通りあった。

一九六〇年八月からラウル鉱体の露天掘りが開始され、一九六一年二月からはラス・アドリアニタス鉱山の露天掘りも行われるようになった。前者は、穿孔→発破→ダンプへの積みこみ（機械積）→選鉱プラントへ原鉱輸送→破砕、サイジング（一〇ミリから二〇〇ミリ）→トレーラーによる港頭への輸送、後者ラス・アドリアニタス鉱山の場合は、穿孔→発破→手割してトラックに手積→港頭へ輸送、であった。

文字で表してしまうと簡単なように思えてしまうが、素人には想像もできないほど大変な作業であっただろう。このような工程を経て港に輸送された鉄鉱石は、輸送船に積まれたあと日本の八幡製鉄（現在の日本製鉄）に向けて運ばれていった。ちなみに、一九六四年の出鉱計画は、ラウルが年間三〇万トン、ラス・アドリアニタスが二〇万トンであった。

『三菱商事社史・下巻』によれば、アタカマ鉱業（有）が設立される約半年前の一九五八年九月に、アタカマ鉄鉱石を八幡製鉄が引き取ることが決定されている（一一一ページ）。アタカマ鉱業（有）の設立前のことであるから、父たちの調査結果に対する信頼とともにチリの鉄鉱石への期待がいかに大きかったかがうかがわれる。そして、アタカマ鉱業（有）が設立された三か月後の五月には、「アタカマ鉄鉱石長期（一五年間にわたる）輸入契約」がすみやかに締結されている。

アタカマ鉱山の開発は、三菱商事自らが「危険を負担した本格的な海外鉱山開発の第一号であり、わが国の鉱石専用船大型化の先導の役を果たしたプロジェクトでもあった」と、社史にはアタカマ鉱業（有）の意義が記述されている（前掲書、一一一ページ）。

『三菱商事社史・下巻』三菱商事㈱編纂、1986年

（5）鉱石や鉱物が採掘できるくらいに集まっている場所、有用鉱物の集合体で採掘して採算がとれるもの。

画家が見た鉱山

父の論文などを参考にして鉱山開発の過程を述べてきたわけだが、どうも無彩色な現地模様しか浮かんでこない。そこで、画家の助けを借りることにした。当時、過酷なアタカマ砂漠を訪れていた画家がいる。鉱山の絵を描き続けてきた富山妙子（一九二一～二〇二一）である。彼女は、一九六一年一〇月から一九六二年末まで中南米を一人で旅している。

富山が著した『中南米ひとり旅』（朝日新聞社、一九六四年）に「コピアポには三菱鉱業が進出し、砂漠の山から鉄鉱石を掘りだしていた」（一一六ページ）と書かれている当時の概観を、画家自身は次のように捉えている。

「南極基地のように虫一匹、草ひとつない砂の上に機械をすえつけ、水は給水車が運んでくる」（同）

そして富山は、ジープで鉱山に登って開発現場を見学している。

「岩山をくずすハッパが鳴る。ドリルが響く。そのあとには、まるで真空のような静けさ。見渡すかぎりの砂丘には、

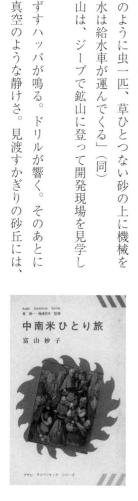

風が波のように砂を吹きよせていた。砂漠は生きている」（富山、前掲書、一一七ページ）

父はこの生きている砂漠で働いていたのだ、と妙に実感が湧いてくる。さらに、富山は続けている。

「トカゲの足跡があるかと思うと、野兎のあと――葉緑素のないもやしのようなひょろ長い草は地下にアースのような長い根を下していた」（同）

ありがたいことに、富山のおかげで父の働く現場のスケッチに色が差しはじめた。同書の同じページには次のようにも書かれていた。

「鉱山事務所の裏庭には、毎日くる給水車の残り水で育った草花が咲きはじめて、ほんの一、二輪の花なのに、その花を求めてどこからか飛んできた蝶が一匹舞っていた」

「太陽は砂鉄の砂の上を焼きつけるように照らしていた」

「私の視界には見渡す限り波のような砂丘がつづき、一切の音は砂の中にすいこまれていった」

このように書き綴っている富山のおかげで、生きものたちは極限状態にあっても、精いっぱい命を、それぞれの美しい淑《しと》やかさでつないでいる様子が見えてくる。

「日中、太陽は燃えるように輝くかと思うと、夜は一変して冬のようだ」（富山、前掲書、一一六ページ）

こうした過酷な砂漠の鉱山現場からジープで砂埃を巻きあげてコピアポ市に向かえば、緑地も見えくる。そう、コピアポ市は、先にも述べたように、砂漠とは打って変わって彩り豊かなオアシスなのだ。「芝生や花壇は夢のように美しく、樹々はそよぎ、星は輝く」（富山、前掲書、一一八ページ）のだ。

チリ政府は、市民のためということで、憩いの中心でもある広場には大いなる予算をかけていたという。土曜日の夜、広場では軍楽隊が演奏をし、市民たちが集い、楽しみ、噴水の周りは恋人たちのパラダイスとなっていた。時には日本の『炭坑節』も演奏されたというから、アタカマ鉱業（有）がこの地において受け入れられていたことがうかがえる。

富山の書によれば、父たちの鉱山開発はコピアポ社会に貢献したようだ。理髪店の主人（日本人）が、「最近コピアポに進出した三菱鉱業のおかげで活気をとりもどした」（一二〇ページ）と語っている。日本人といえば、国内での炭鉱不況が理由でチリに新しい開拓地を求め、筑豊（福岡県）の炭鉱からやって来た人もいたという。

さて、前記の床屋さんだが、かつてはペルーの砂糖園で働いていたのだが逃げ出し、日本船に潜りこんでチリのバルパライソ港に来たという（富山は、明治のペルー移民は、厳しい労働と黄色人種排斥に苦しみ、耐えかねて逃げ出して、力尽きてこの世を去ったものもいた、と悲しい歴史に関して注釈を加えている）。床屋さんが言うには、「チリ人は人種差別ないもんね。楽に暮らしてゆけたもんね」（富山、前掲書、一一九ページ）とのことである。なお彼は、チリ人の女性と結婚し、今では弟子もいるような、「ちょっとした理髪師なのだ」（富山、前掲書、一二〇ページ）そうだ。

コピアポ市では日本人が受け入れられていたようだが、当時のチリにおける日本および日本人の知名度は至って低く、ブエノスアイレスからサンティアゴに向かう汽車の中で富山は、日本人というだけで大いに珍しがられ、「日本というのはチリの裏にある国だ。汽車やバスはあるのかね」（富山、前掲書、一〇六ページ）と尋ねられている。実は、サンティアゴでは日本製のバスがすでに走っていたのだが……。

ちなみに、三菱商事がサンティアゴとバルパライソに大型バス約一〇台を導入していた。コピアポ市では鉄鉱山の開発を三菱商事が着手したほか、従来のバスとは比べものにならないほど大きい輸送力のバスが「三菱」のマークを付けて走りはじめたこともあり、当時サンティアゴでは、日本人を見ると「ミツビシの人か」と聞かれるほど「三菱」が有名になっていたという。

鉄鉱山開発は地元の経済発展に貢献し、それなりにインフラ開発にも役立ったわけだが、父は日本の開発事業に対して不満があったようだ。チリに進出しているアメリカ企業の場合、「派遣されるアメリカ人は家族みんなで住み着くつもりでやって来て、当地の文化振興に貢献している」と、帰国後によく語っていた。どうやら父は、海外援助は経済だけではなく、文化にも貢献することが重要であると考えていたようだ。

たしかに、日本企業における海外開発は、某製紙会社がカナダの先住民の生活権を無視して森林伐採を行おうとしたように、企業利益のみを追求していた。それを考えれば、文化面に対する支援も視野に入れるべきという主張は重要と思われるが、その振興活動が文化の植民地化を伴いがちであるということについては考えていなかったようだ。もっとも、ありのままの先住民を理解しようとはしていたが……。

話を富山に戻す。

富山が汽車で深夜にサンティアゴ駅に着いたとき、出迎えたのは「日本の鉱山会社の人」であったと書かれているが、それがアタカマ鉱業の人であったどうかは分からない。総じて日本人がまことに少なかったチリでは、父の同業者たちが鉱山開発の傍ら、チリを訪れる日本人をサポートしていたという。

先に挙げたアタカマ高地探検隊も、アタカマ鉱業の人（久保正明氏）から当地の状況を聞き取っている。鉱山労働者が優秀なので、鉱石を手に取ればその品質まで分かるとか、子どもでも鉱山のことや鉱石運搬用トラックについてよく知っているとか、聞き取りからは「ヤマ」に生きる人びとならではの姿が浮かびあがってくる（参考文献56、一七〇～一七一ページ参照）。

日本とチリにとっての鉄鉱石の意味

先に述べたように硝石で一大ブームをつくったチリだが、一九六〇年前後には鉄鉱石が硝石に代わって、銅に次いで外貨を獲得するようになっていた。他方、日本側からすれば、鉄鉱石が戦後の経済発展の鍵を握っていた。一〇〇パーセント輸入に頼る鉄鉱石の供給源の確保が急務であったため、中南米に対して「熱い眼差し」を送るようになったわけである。輸入に頼る日本の鉄鉱石だが、チリ産はマレーシア産に次いで第二位を占めていた（参考文献28、二八六ページ参照）。

表　チリにおける鉄鉱石の生産量と輸出量

（単位：1,000トン）

年度	生産	輸出
1957年	3,080	3,070
1958年	3,760	3,640
1959年	4,650	4,260
1960年	6,040	5,190
1961年	6,950	5,820※
1962年	8,140	6,950※

（出典）チリ鉱山局、La Mineria del Hierro en Chile（1961）
※印は、World Mining誌その他資料による。（参考文献28、286ページ）

一方、生産国のチリはというと、大部分の鉄鉱石は輸出されていた。チリ鉱山局のデータによれば次のようになる。

鉄鉱石の輸出先は、主にアメリカと日本であった。一九六二年には輸出先の第二位が日本となり、第一位のアメリカに迫る勢いであった。そして、四半世紀後の一九八八年、日本への鉄鉱石輸出は最大四九二万トンを記録し、日本にとってチリは重要な輸入先の一国となった。

鉄鉱石は、日本とチリの「ウイン-ウイン」の関係を築く絆の一つになったわけだが、その絆を結ぶ嚆矢《こうし》となったのが父をはじめとする鉱山地質技師であった。

なお、現在では、チリの鉄鉱石輸出の過半（六八パーセント）が中国向けとなっている（参考文献52、一二四ページ参照）。

もう一つの先駆け

三菱鉱業と組んでアタカマ鉱業を起こした三菱商事は、総合商社が企業間取引において新しい役割を担うという点でも先駆的であった。一九五〇年代には鉄鋼専門商社が行っていた鉄鉱石の輸入業務は、一九六〇年代には総合商社が担うようになっている（参考文献33、六六ページ）。「一九六〇年からの第三次鉄鋼合理化計画にもとづく鉄鋼増産、それにともなう鉄鉱石需要の拡大」（参考文献33、六八ページ）によって、輸入先の多元化と遠距離化が進んだ結果、総合商社の出番が準備されたことになる。三菱鉱業とペアを組んでの鉄鉱山開発は、こうした時代の流れに乗る先駆的な取り組みであった。

父が最初にチリに渡ったときの同行者が三菱商事の社員であったことに私は奇異の感に打たれていたが、その謎がここで氷解した。

三菱商事は、アタカマ鉄鉱山の自主開発を手掛けたことをはじめとして南米の有力な供給源に重点を置くようになり、一九七二年度の「主要商社別・供給源別鉄鋼石輸入取扱高」では、南米地域において国内商社の第一位となっている（参考文献33、七六、七七ページの第5表参照）。

もう一つ先駆的であったのは、アタカマ鉱業が開発参加方式をとったことである。「開発輸入は、海外資源開発プロジェクトに資本参加をして資源を輸入する開発参加方式と、融資をしてその見返りに資源を輸入する融資買鉱方式とに大別され」（参考文献33、六七〜六八ページ）、開発参加方式は一九五〇年代後半から現れはじめ、一九六〇年代の後半以降にはそれが支配的な形態になったという。

商社による開発輸入プロジェクトへの投融資に関する資金調達は、日本輸出入銀行（コラム参照）が幹事となって行われるのが一般的だが、一九五〇年代の融資先企業は概ね鉄鋼企業系列の鉱山企業などで、融資承諾額も小規模なものであった。それが、一九五九年には融資承諾規模の一〇億円超えとなった。一〇億円という巨大な額になったプロジェクトの嚆矢《こうし》は、一九五九年のアタカマ鉱業への投資であった。

一九七〇年度までで、総合商社が投融資主体になった大規模プロジェクトは六件を数えるが、

ミニ知識　日本輸出入銀行

1950年、日本輸出入銀行法に基づいて設立された政府金融機関（全額政府出資）である。当初は「日本輸出銀行」として出発したが、1952年に輸入金融業務を追加して「日本輸出入銀行」となった。設立の目的は、外国との貿易を主とする経済交流を促進するため、一般の金融機関が行う輸出入および海外投資に関する金融を補完および奨励することにあった。資金調達は資金運用部資金からの借り入れと債券発行によっており、これに自己資本金を加えて運用していた。

1999年10月に海外経済協力基金（OECF）と統合して「国際協力銀行」となったが、業務のうち「国際金融等業務」が2008年10月に日本政策金融公庫に引き継がれたのち、2012年４月に同公庫から分離され、「株式会社国際協力銀行（JBIC)」として発足している。

その先陣を切ったのが三菱鉱業と共同出資したアタカマ鉄鉱業開発であった（参考文献33、八三〜八四ページ参照）。

このように、アタカマ鉄鉱業開発の従事者は、いくえにもフロント・ランナーであった。とはいえ、現地で暮らす彼らの生活実態は、私が抱いていた「海外駐在員」というイメージとはおよそ違ったものであった。いかにも都会的という「格好よさ」とは真逆であったからだ。砂塵にまみれながらのジープでの移動、人によっては高山病に悩まされるといった現実があった。

アタカマ砂漠における父の仕事内容を追いながら思ったことがある。鉱山地質技師というフロント・ランナーは、先にも述べたように「縁の下の力持ち」であって、企業利益だけでなく、別の「何か」に促されなければやりきれないのではないだろうか、と。しかも、地下資源開発には、石油採掘の際に言われていたように、「当たるも八卦、当たらぬも八卦」的な要素が多分にある。採算の取れる資源に遭遇できるかどうかは、十全な科学データをそろえていても確実ではなかった。

つまり、心の奥に刻まれた「何か」に突き動かされ、支えられなければやりこなせないものとなる。その「何か」（心のマグマ）を求めて、父の生い立ち、ライフ・ストーリーを第4章で追うことにするが、その前に、当時のチリではどのような暮らしをしていたのかについて述べていきたい。

第２章　ストレスをエネルギーにかえて——チリでの日常生活

水代わりのワイン

父がチリに滞在しはじめたころ、チリに暮らす日本人は五〇〇人ほどであったから、サンティアゴの街を歩いても日本人に会うことはなかったようだ。コピアポ市での生活場面については前章で少し触れているが、ここでは「食」と「住」というテーマでチリでの暮らしぶりを追っていくことにする。

もちろん、父が残した手記に基づいて記していくわけだが、食材についていえば、魚などについてはチリに生息する魚類の詳細な説明（学名や種としての特徴などの詳しいデータ）が書かれていたが、あまりにも専門的であり、私には位置づけの判断に余るため、その部分はすべて省略したことをお断りしておく。

海外生活でまず注意すべきは「水」である。チリの水道水は硬水で、お腹を壊しやすいために煮沸してから冷やし、その上澄みを使用していたようだ。すでに上水道が発達していた日本からすればかなり面倒なことであり、ついついワインで喉の渇きを癒すことになる。いわば、水代わりのワインだ。しかも、チリのワインは飛び切りうまい。父は「サンタ・カロリナ」(三ツ星)の赤を愛飲していた。「チリへの出張前に比べ、帰国後はお酒が強くなった」と母が言っていたが、それもそのはずだ、水代わりにワインを飲んでいたわけだから当然である。

カチャンツン（Cachantun）

サンタ・カロリナ（赤）

そのほか、サンティアゴのレストランでは「ピスコ・サワー」(1)というカクテルを楽しんだほか、ビールは「ピルゼン」を飲んでいた。ドイツ移民が導入したもので、資本力の大きな会社（Cia. de Cervecerías Unidas）がチリ全土に一〇か所の工場を設け、チリ人の需要を満たしていた。早い話、アルコール飲料には事欠かない状況であったということである。

もちろん、鉱物資源の調査をするといった山歩きのときには水を飲んでいたようだが、その水はミネラル・ウォーター「カチャンツン（Cachantun）」（前ページ参照）であった。

郷に入ったら郷に従え

海外での滞在となれば、苦労するのは「食」である。旅行者ならば楽しみの大きな要素となるが、長期滞在となると、そのうえ日本人がほとんどいないところとなると、三食をどのようにとるのかと考えるだけでも結構面倒なことになる。

当時でも、ペルーのリマまで行けば中華料理を楽しむことができた。中国人街があり、そこでは中華料理店が軒を連ねていたからである。一方、日本料理はというと、移民の歴史があるものの店はなかったようだ。それでも、日系人がチチカカ湖のマスで荒巻をつくったり、納豆をつくったりしていたようで、それらをチリに持ち帰ると、仲間たちに喜ばれたという。

サンティアゴにいればイタリア料理やスペイン料理の店があるほか、滞在当初は一軒だけ中華料理店があったというが、生活拠点となっているコピアポ市にはそうした店はなかった。

サンティアゴの目抜き通りにある「エル・ポジョ・ドラド（El Pollo Dorado）」という有名店で仲間たちと会食したときのことである。驚いたことに、用意されたテーブルに日本とチリの小さな国旗が交叉されて飾られており、そのうえ、食事がはじまる前にマネージャーが、「今晩は珍しいお客さまが来てくれました。それは日本人です」と、父たちを大勢の客に紹介したという。

こうなれば仕方がない。立ちあがって、周りの人たちに向かって会釈したという。

「なんとも照れ臭かった」と手記に書かれてある父の言葉、その気持ちがよく分かる。

当時は、それほど日本人が珍しかったのであろう。レストランでは、さらに驚くことが待っていた。「メインディシュ

（1）ピスコとは、焼酎のような飲み物のこと。また、ピスコは、元来ペルーにある地名である。

「エル・ポジョ・ドラド」の外観

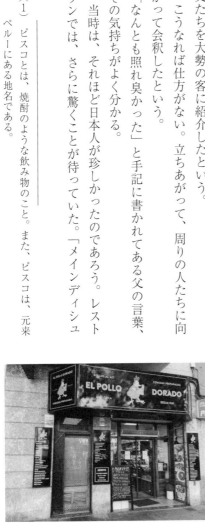

のステーキの大きさにまたびっくり」と言う父、しかも「硬くて、半分を平らげるのに梃摺《てこず》った」（ルビ筆者）とのことである。とはいえ、「味はまあまあであった」そうだが……。

サンティアゴではホテル暮らしをしていたが、いささか仰々しいホテルの朝食を嫌い、通りに出て、筋向いにあったホットドック屋を好んで利用していたという。オレンジ・ジュースを片手にホットドックをパクつく。

——目の前で、オレンジ四個くらいをジューサーに放り込んで絞り、それに細かい氷を一掴みいれたもので、朝の寝起きの口にはすこぶるうまい。（手記より）

もう一つの喜びは、大通りにある「カフェバリスタ」で挽きたての濃いコーヒーが飲めたことだ。ペルーとは異なり、チリではコーヒーが生産されていないので、どんなに立派なレストランでも、出されるのはほとんどがインスタントコーヒーであった。本物のコーヒーを飲めるのは、このバリスタだけであった。

国内外での出張が多かった父の主義は、食においても「郷に入ったら郷に従え」であった。どこでも家庭料理には飽くことがない、と言う。

本格的な資源調査と起業準備のために九人からなる日本人調査団が組織され、コピアポ市でのベースキャンプづくりがはじまった際には二軒続きの家を借り、生活用具一式を取りそろえたあと、地元の鉱業権者のアドバイスに従ってハウスキーパーとボーイを雇っている。この女性たちが、チリの家庭料理（といっても、それなりに上等な料理）をつくってくれたという。もっとも、その量は日本の一・五倍ほどあったようだが。

三か月で五名が帰国し、残った父たち四名は、簡易ホテルや下宿住まいに切り替えた。父は下宿を紹介してもらっている。仲介者が「日本人は野菜が好きだから、夕食には余計に添えるように」と言ってくれたので、夕食の肉料理にはジャガイモが一個余計に添えられていたという。朝食はというと、牛乳とパン、そして卵料理であった。

なお、パンはフランスパンのように外側が堅いもので、そのパンに料理した肉などを挟んで、山歩きの際の弁当にしていた。

この下宿では、若い学生たちと親しくなったようだ。近郊の町や村から、上流階級の少年少女たちが教育施設に通うために下宿をしていたからである。明るい若者たちで、日本人が珍しいのか、よく話しかけてきたという。そのおかげで、父の会話力は向上したようだ。

彼らは、通知表をもらうと真っ先に父のところに見せに来ていたというから、若者たちに慕われていたのだろう。「成績がよくないね」と冷やかすと、女子生徒は「こんなものは問題じゃない。

自分たちにとって一番大事なのは生涯の相手を探すことである、と堂々と答えたのには驚かされた」と手記に書かれている。

やがて、長期滞在者たちが現地の人に相談したところ、最初のように手ごろな家を借りて、料理してくれる人を雇い、家庭料理を食べさせてもらうのが一番いいということになり、再び家を借りている。

鉱山開発がスタートし、鉱石専用船が入港するようになると、日本から味噌、醤油、海苔、かきもち類、味の素、お茶などが届くようになった。私にも、母と一緒に新丸ビルにあった三菱鉱業本社まで、海苔やかきもちなどを父のために持っていったという記憶がある。

このようにして日本の食材が手に入るようになると、すき焼きでチリ人たちをもてなすなど、日本食を介した交流も行われるようになった。いつの時代においても言えることだが、民間交流ほど国際関係を豊かにするものはない。

余談としてだが、レセプションの場合の席次《せきじ》については勉強になった、という記述もあった。チリでは、正面中央にはカトリック教会の偉い司祭が座り、左右に市長などが席を占める様子を見て、「カトリック国の文化を実感することになった」と手記に書いている。

カジキの刺身に感激

コピアポ市で食膳を賑わすことになったのは「コングリオ（congrio）」という魚[2]だという。私もインターネットで調べてみたが、アナゴによく似ている。日本では蒸して食べるというのが一般的であるが、チリではどのように調理されていたのかと興味をもってしまう。

また、チリの沖合はカジキの漁場となっており、体長三～六メートル級の大物もかかり、港でぶつ切りにした大きな塊を安く買い求めて宿舎で刺身にしたという。捕りたてだから、日本では味わえないおいしさであったことだろう。さらに、ウニやカキが時々食膳を賑わしてくれた。生カキにレモン汁をかけて……これまた旨い、というか羨ましい！

コピアポ市からサンティアゴまで車を飛ばして移動する場合は、途中に位置するラ・セレナ（La Serena・コキンボ州の州都）に広がる南トンゴイ湾の付近にある路傍の茶店で、茹でた、塩味がちょっときいた「ザリガニの仲間（とおぼしき）カマロン（camarón）」を食べるのが楽しみであったとも書かれている。

（２）　辞書では「アナゴ」とあったそうだが、日本で言うところの「アナゴ」とは異なった魚。

とびきり「旨い魚」として記憶に残ったのは「ペヘレイ(pejerrey)」だという。イワシほど（一五～二〇センチ）の大きさをしている淡水魚だ。釣りに行きさえすれば面白いように釣れ、「その場で天ぷらのように油で揚げて、熱いのを頬張るのであるが、まことに旨い」と手記にある。路傍の茶店を利用していることからしても、釣った魚をその場で食べるというスタイルを知り、現地の人になりきって日常の楽しみをつくり出しているように思えてくる。

魚については、父はサンティアゴの市場で調査したうえで文献を調べるなど、水揚げされた魚や貝の種類、大きさ、産地などについて詳しい記述を行っていた。海岸線が四〇〇〇キロと南北に長いチリでは多種多様な魚が捕れるが、食材としての人気は、肉とは比べ物にならないほど低かった。日本人なら、蒲鉾などの練り物をつくったら、と考えてしまうところである。実際、漁業が盛んなチリ南部でそれをやった日系人がいたが、見事に失敗したという。

サンティアゴの魚屋

コピアポ市にいる友人に尋ねたことがある。

この辺の海を見ると、あんなにも魚が沢山いるのに、それを捕ろうとせず、蛋白源を値段の高い輸入肉に求めているのは理解できない。（手記より）

これに対する答えは簡単なもので、「それは歴史的な民族の習慣であり、容易に変えられるものではない」とのことであった。

世界の水産国における海産物の生産と消費についての研究論文によれば（一九五九年のデータ）、日本人一人当たり年間消費量は五三キロ、対するチリは一五キロとなっているので、チリ人の意見は数字によって裏付けられる。

となると、次の話題は肉料理となる。

コピアポ市では、祝い事があると、郊外の景色のいいところでジンギスカン鍋を楽しむことがあった。コピアポ市から東へ谷沿いに行くと大きな溜池があって、周りに柳やユーカリなどの緑が茂っている。心地よいこの一角には、レンガ積みの竈《かまど》があちこちにしつらえてあり、煮炊きができるようになっていた。要するに、市民は手軽にアウトドア生活が楽しめたわけである。これも、チリ人が好みとしている生活スタイルである。

肉といえば、その堅さに閉口していた父は、何とかしてチリの友人に、日本の軟らかくて美味しい肉を食べさせたかったようである。そこで、一時帰国した際、チリ人への土産にと霜降りの松坂牛を購入し、経由地ごとにドライアイスを入れ替えるなどの苦労をして運んだようだ。だが、とろけるような松坂牛を、誰一人として「旨かった」とは言ってはくれなかった、と書かれている。かなりの苦労をして運搬したわけだから、その落胆ぶりが目に浮かんでくる。

手記には、農業に関する記述も豊富にあり、生産物の種類、産地、特徴などから市場での価格、農産物を扱う会社までを調査したうえに、きちんと整理されていた。それだけに、当時の農業に関するチリの現状がつぶさに分かってくる。とはいえ、農業に対する知識が乏しい私には「宝のもちぐされ」かもしれない。

実地調査をしなければ気がすまないという父は、オレンジ畑なども実際に調査している。そのときのエピソードとして面白い記述があった。調査のあとにオレンジを買おうとしたら、「収穫は終わっているので、好きなだけ持っていっていいよ」と生産者に言われ、「あまりのおおらかさに驚いた」と書いていた。

こうした異文化体験はまだまだあった。水代わりに飲んでいたワインの醸造所を回っていたときのことである。友人に案内してもらって見学したようだが、そこでも大歓迎を受け、秘蔵酒の試飲までさせてもらったという。

こういうもてなしをあちこちの醸造農家でうけたが、見も知らぬ外国人たちをいくら案内係が知人であってもこんなに快く迎えてくれるなんてことは日本では一寸考えられない。（手記より）

当時のチリの植生、農産物、魚貝類など、食と生産の実態調査をふまえて生活のリアリティを描き出している「チリの博物誌」という生原稿が見つかった。チリ人のさまざまな生き様が、外国人調査者ゆえの眼差しによる異文化への気づきも含めて浮かびあがってくるという、生物地理的な原稿である。

食材や名物料理、あるいはレストランなどのデータに至るまでがスペイン語交じりで詳しく記されていたが、いかんせん一九五〇～一九六〇年代のことなので、データが古いと判断してここでは掲載しないことにした。

父は、人と自然とのかかわりのすべてを丸ごと捉えることがチリを知り、理解し、チリ人との交歓を実現する――つまり、それがチリに生きることであると思っていたのではないだろうか。だからこそ、「チリの博物誌」なるノートをつくっていたのだろう。そして、チリに滞在している間、チリに生きる人と動植物、それらの関係を調べてまとめるという形で、チリに対する愛情を表現していたと思われる。

労働環境はすさまじく厳しいものであったが、仕事だけに縛られないというこうした生き方が父には自然なものであり、家族と離れ離れになっても、チリという空間に「心の安らぎ」を生み出していた。

さて、父がチリに渡ってから三年余りが経つと、半年駐在すると家族を呼べるようになった。もっとも、父の場合は、私が小学生であったために単身赴任を続けざるを得なかったが……。

そのとき、家族は……

父を「南米に捕られた」家族の生活はどのようなものであったのだろうか。寂しくないはずがない。男社会の日本では、大黒柱（父親）を欠いた

「チリの博物誌」が書かれていた原稿用紙の表紙と内容

生活という環境には不都合が多い。歴史は生身の人間によってつくられるものだから、傷跡や痛みの記憶によって紡がれる場合がある。そんな痛みを、少しだけ綴りたい。

チリで父が使命を果たすべく懸命に奮闘しているとき、私は母子家庭状態で約八年間を過ごしている。次に挙げる二つのトピックスは、表層には現れないが、心のうずきがあったことを示している。

一時帰国をしたとき、父は家族を旅行に連れていってくれた。今から思えば、家族に対する「後ろめたさ」があったからだと思う。小学五年生のときに行った東北旅行については鮮明に記憶している。仙台と松島を回ったのだが、仙台は両親が新婚生活を送ったところであるうえに、二人の姉が生まれたところでもある。

両親は、わざわざ姉二人と私のために洋服を新調してくれた。姉たちは、襟に刺繡のテープ飾りがついた真っ白なブラウスとグレーのプリーツ・スカート。私はというと、柄物のワンピースであった。窓を開けたまま蒸気機関車に乗っていたから、進行方向に向かって座っていた姉たちのブラウスの襟が煤《すす》でグレーがかってしまった。

身につけた衣服から車内の光景まで、ずっと昔の旅模様が、今でもくっきりと浮かんでくる。松島のホテルから見た五大堂の奥ゆかしさ――ありありと記憶に残っている。

ホテルで、大きな桃が歓迎のフルーツとして出されたこと、喜んではしゃぐ私に優しい姉の睦美（一〇歳年上）が付き合ってくれて、忘れがたい楽しい思い出ができたこと、などだ。心の奥に空洞があって、それは私自身が自覚していないものであったが、それを父との家族旅行が少し埋めてくれた。そんな忘れがたい楽しい時間として、現在においても脳裏に焼き付いたままとなっている。

もう一つのトピックは「お受験」。私は私立の中学校を受験した。受験する中学校は母と姉たちが決めた、と記憶している。

入学試験には父母面接が含まれていた。控え室を埋めたのは、父親と母親、そして受験生という三人一組の群れ。私はといえば、母親だけ。父は海外にいるのだから仕方がない。子どもながらに、この状況は「不利だ」と思った。このときの母は、地味な着物を着て凛としており、臆することなく実に堂々としていた。そんな母を見て、気持ちが落ち着いた。結果はというと、運よく合格している。

ひょっとしたら、私を励ますために姉の美智子（一二歳年上）が差し入れてくれた「シベリア」というお菓子（不思議にも菓子名まで覚えている）を食べて落ち着いたからかもしれない。

父がいてくれたならなぁ……と思うことはもちろん何度もあったが、滞りなく八年間は過ぎて

五大堂

いった。母が一人で二役（両親）をこなし、時には姉の美智子が父親代わりを務め、同じく姉の睦美が手づくりの洋服で私を喜ばせてくれたりと、寂しさを紛らわせてくれた女三人に支えられ、私は義務教育を無事に修了し、高校へと進学した。

家族に支えられていた私に引き換え、母は女一人。まだ村社会が色濃く残っている地域（松戸市幸谷）で、家族の暮らしが滞りなく立ちゆくように懸命に動いていたはずだ。子どもを育て、家族を護り、すべての意思決定を一人で行っていたのだ。

私が扁桃腺とアデノイド（咽頭扁桃）の切除のために入院し、手術を受けたとき、術後の出血がなかなか止まらなかった。母は、私が寝ているベッド脇のベンチに座って、夜通し、口の中にたまる血を拭ってくれた。寒い季節にもかかわらず病室に暖房設備がなかったため、この看病が引き金となって母はリューマチを発症し、その後亡くなるまで、関節の痛みに悩まされることになった。

このように父との思い出を書いてきたにもかかわらず、登場するのはやはり母や姉たちとなる。そういえば、小学校低学年のとき、父から送られてきた手紙を、奥庭に面した廊下の日溜りで母が読んでくれたことがある。とても大切なものを読んでくれているといった印象だけが記憶として強く残っているが、内容については皆目覚えていない。

日常生活に父の姿がないというのが普通。八歳から思春期の大部分をこのように過ごした私は、父との間に言うに言われぬ距離感をもつようになった。父に対して素直になれない、何となく素っ気なく振る舞ってしまう——こうした態度が、父が大病を患う晩年まで続いた。

ペルー紀行

舞台を南米に戻そう。

父の南米での鉱物資源調査は、すでに記したようにペルーではじまった。しかし、ペルーでは食指が動くような魅力的な鉱山にはめぐり合えず、調査地をチリへと移し、そこで宝の山（ラス・アドリアニタス鉱床）に遭遇した。

二回目の渡航で「会社設立」までこぎつけ、一度帰国し、三回目の渡航後は現地法人の社員身分を得ている。南米の各地を調査しやすい立場となったので、ペルー、ブラジル、エクアドルにも出張し、有望な鉄鉱床やその他の鉱物資源を求めるための調査活動を行った。その後、帰国してから三菱鉱業に復した。

父の手記によく出てくる国といえば、チリを除けばペルーである。何度も出張をしていたことが理由だろうが、心に残る場面がいくつもあったからだと察する。手記から、その場面を追ってみることにする。意外なことにそれは、本業とはかかわりのない、考古学者との付き合いや動物との遭遇であった。

まず、ペルーの海岸を移動中に目を奪われたのは、「沖合地平線上を無数の鳥が真黒に群を作って渡る光景であった」（手記より）。それは、「グアノ」という肥料を生産する鳥たちの群れである。グアノ、地元の先住民が使っているケチュア語に由来している言葉だが、鳥の糞《ふん》のことである。

鳥の糞といっても、決してあなどれない代物である。手記によれば、「グアノはふつうの肥料に比べて三三倍の肥料性があり」（普通の堆肥の三〇倍以上の窒素を含む濃厚肥料）、ペルーでは銅や石油に並ぶ重要な産物であった。

『朝日新聞』（一九八九年二月五日付朝刊）の記事「新どうぶつ記」によれば、産業革命を経て、農業の増産に頭を痛めていたイギリスがグアノに注目し、一八四〇年代、ペルーでは輸出のためにグアノの大規模な採掘がはじまったという。何と、鳥の糞がペルー政府に莫大な収入をもたらしたのである。

グアナイウ　©Quartl

ある年の一般歳入が八五〇万ドル、グアノ採掘で得た利権料は五三〇万ドルに達していた。当時のレートが分からないため円換算はできないが、一八四〇年から一八七九年までをペルー史では「グアノ時代」とも言うことから、いかに莫大な金額であったかは想像できる。

グアノの代表的な産地は、ペルー中部海岸沖のいくつかの小島や岩礁（バラカス半島沖のバリェスタス諸島、チンチャ諸島など）である。フンボルト海流が南米大陸に沿って北上し、ペルー沖で豊かなプランクトンが発生するとカタクチイワシ類の小魚の群れが育つ。その小魚を目指してグアナイウなどの鳥が集まり、貪るように食すと、コロニー（集団営巣地）のある小島で羽を休めて糞をする。その糞が溜まりに溜まって貴重な肥料になる。父の調べでは、一羽の鳥が一年間に三五ポンドのグアノを生産するためには、一七二ポンド（一ポンド＝約〇・四五四キロ）の魚を食べていることになる。

グアノの生産に貢献する鳥たち、言うなればグアノの主な生産者は、グアナイウ（Guanay・ペルーの鵜）、カツオドリ、ペルーのペリカンで、それぞれの占める割合は、七四パーセント、二〇パーセント、六パーセントと言われている（手記による）。とりわけ、朝夕、コロニーのある島は、グアナイウやカツオドリで埋め尽くされ、黒褐色に染まるという。

そのカツオドリの狩猟光景はこれまた見事で、圧巻の美しさだという。

「空中に舞っていたこの鳥が餌を見つけると、傘をつぼめたような形で垂直にまるで墜落するように水中に飛び込んでくる」とのことで、「何度もその光景に見とれて立ちつくしたことがある」と、手記に書かれている。

天野さんに会う——父の趣味である考古学

当地の人びとは、いささか時間にルーズであると聞いたことがある。時間感覚をはじめとして、生活のテンポや様式、もちろん食生活も異なるチリ（主にコピアポ市、そしてサンティアゴ市）での暮らしに父は見事に順応していった。陽気で鷹揚《おうよう》な性格が、チリの精神風土に合っていたのかもしれない。また、ワイン好きであったことが日常的な癒しに役立ったのであろう。

スペイン語の読み書きはもちろん、会話が達者になったことも、海外生活における苦労を最小限にしたのかもしれない。とはいえ、現地で調査と起業に携われば、思いもよらぬ困難や、いかんともし難い事態に遭遇することになるものだ。おそらく、会社本部と現地との狭間で葛藤するといったことも少なくなかったろう。

こうした苦労を一時的に忘れさせてくれるうれしいサプライズ、それがペルーで活躍していた考古学者で実業家の天野芳太郎（一八九八〜一九八二）との出会いであった。

父のライフ・ストーリーを書くために父の書斎で資料を探しはじめたときに驚いたのは、インカ、マヤ、アステカに関する文献が次々と出てきたことである。英語やスペイン語の文献もあり、趣味にしてはあまりに専門的すぎる。どう考えても、考古学が殊のほか好きであったことは疑えない。

アンデス文明についてのノートが見つかったときに開いてみると、インカまでの文化の特徴が細かくメモされていた。まるで考古学の講義ノートのような感じだ。そこに登場する研究者のなかで、固有名詞に親しみを込めて「さん」付けされていたのは「天野さん」だけであった。ノートには数々の研究者の見解がメモされていたが、それらにはすべて「氏」付けで書かれていた。

そういえば、天野芳太郎に出会ったという話を直接父から聞いたことがある。天野については少し注釈がいるかもしれない。わずかばかり紹介したい。

天野芳太郎とは

天野芳太郎が南米に渡ったのは一九二八年のことである。実業家を志し、パナマに「天野商会」を設立して、中南米諸国で貿易をはじめとして広く事業を起こした。第二次世界大戦が勃発し、アメリカの収容所に抑留された彼は交換船で帰国しているが、戦後も南米への熱い思いは断ちがたく、一九五一年に再度ペルーに向かって事業を再開し、再び成功している。あわせて、古代アンデスについての研究にも取り組み、遺物を蒐集している。事実、チャンカイ渓谷（チャンカイはリマの北七〇キロにある川および流域の名称）の遺跡群の発掘調査を行った天野は、チャンカイ文化の専門家としても知られている。

一九五九年、ペルーから文化功労章が授与された。一九六三年、一九六四年には、私財を投じてリマ市に「天野博物館」を設立している。そして、一九七二年に博物館が財団法人の認可を得ると、そのすべてをペルーに寄付している。

それが理由なのか、天野の肖像が日本人として初めてペルーの郵便切手の図案に選ばれている。そして、一九八〇年には吉川栄治文化賞も受賞している。

天野が海外に雄飛したのは弱冠三〇歳のときである。まず南アフリカに行き、白人優越の実態に驚愕し、ひどく憤りを覚えて南アメリカに渡った。南米では差別意識が相対的に低い、と感じたようだ。彼を衝き動かしたのは、計り知れないほどの南米への熱い思いと、アンデスの人びととの歴史と文化に対する敬意と愛情であった。これについては、以下の記述からも十分うかがえる。

インカ帝国の栄光のあとを見て深い感慨を覚え、（中略）

——少年のころ読んだ、シュリーマン（3）のトロイ発掘の物語を思い

日本人として初めて切手となった
天野芳太郎

出して、彼にはとても及ばぬまでも、そのあとをおうて見たいという考えが何度か頭をかすめました。（『大アンデス文明展：図録』朝日新聞大阪本社企画部、一九八九年、一八六ページ）

「生きた人間の姿」を浮上させる考古学

天野の語りから、課題意識と心意気が伝わってくる。

学者たちが書く立派な書物を見ると、年代の順序とか、遺跡の構造、遺物の特徴などは整然と書かれているが、遺跡の構造はどのような意味をもっているか、土器や織り物の文様に古代のインディオがどのような心をこめているのか、などはふれていない。もちろん慎重な先生方がふれたがらない気持ちはよくわかる。しかしこういうことがわからなくては、古代文化の本当の意義は理解できないのではないか。この、学者のさわりたがらない部分を、今につきとめてやろう、などと思ったものです。（前掲図録、一八六ページ）

アンデス文明への愛は、アンデスの人びとへの敬意と生き方に対する興味によって裏付けられていたと言えるだろう。文化人類学者で中南米研究の第一人者である増田義郎（東京大学名誉教授）が、『ペルーの天野博物館』（天野芳太郎述、岩波グラフィックス15、一九九三年）に次のような文章を寄せている。

（土器一つとっても）天野さんはそれを美しい、すばらしいと感ずると同時に、どのような人たちが、どんなふうにして、なんのためにそれを使ったのかを想像せずにはいられなかった。（前掲書、七八ページ。この本は、天野が天野博物館の見学者に行った解説の録音テープから作製されている）

増田が言うところによると、土器を編年の道具として使う普通の考古学者とは、天野は異なっていた。天野の興味は、抽象的な学説の構築にあったのではなく、「生きた人間の姿」を浮上させることであった。

当然、天野は、スペインの進んだ文化に、遅れたアンデスの人びとが屈したとは見ていない。

（3）（Johann Ludwig Heinrich Julius Schliemann, 1822～1890）ドイツの実業家、考古学者で、ギリシャ神話に登場する都市トロイアを発掘した。

その証拠に、アンデスの調味料や変色しない染料は、ヨーロッパ文明を超えていたから。「われわれがかなわないものを彼ら［アンデスの人びと］はたくさん持っている」と天野は確信していた（前掲書、八〇ページ）。彼によれば、チャンカイでは灌漑技術が進んでいて、「四〇〇〇分の一の勾配で水を流す」ことができたそうだ（前掲書、六四ページ）。

チャンカイの土器と織物は「いかめしさがなく、ユーモラスで親しみやすい感じ」（前掲書、六四ページ）があると天野は語り、土器などの学術的な価値の説明ばかりでなく、そこに生きた人びとの表情に注目している。太鼓を叩く人物の土器（モチーカ文化）については、「口のあたりに微笑が見え、なんともいえない表情が実にうまく表現されている」と解説している（前掲書、五七ページ）。

実際、その土器には、当時どのような楽器が使われていたかだけではなく、楽器とともに奏でる人の心情が表現されているので、天野の解説を聞いた見学者たちの頬は思わず緩んだことであろう。

天野の説明に耳を傾ければ（博物館での解説テキストを読めば）、一つの土器から当時の人びとの暮らしぶりがうかがえ、どのような動物と共存していたのかも伝わってくる。潤いのある学問としての考古学の魅力、それが香り立ってくる。

天野のアンデス文明の歴史に対する関心は壮大なもので、古代文明からインカまでが含まれていた。(4)

天野は、アンデスの人びとへ敬意を払い、発掘した土器などの遺物から、それらを使用していた当時の人びとの声を聞き取り、生きざまを浮かびあがらせた。アンデス文明を生きた人びとの歩みに寄り添おうとしたわけである。

天野のこのような「素人的」と言われかねない研究スタンスに、考古学を趣味としていた父は大いに共鳴したのであろう。父が専門としていた鉱山地質学も、いつ、どのように地層が形成され、変化したのかなどを調べるわけだから、恐ろしく長いスパンの学問となる。父が掘り起こしたのは鉱物と化石だが、それらは、どのような生きものがどのように生きていたのかについての「手掛かり」を与えてくれる。

こう考えると、父が天野との出会いをとても喜んでいたこともうなずける。二人とも、ファンタジーからリアリティを引き上げるといったロマンティストであった。

---

(4)　アンデスで栄えた文化は、紀元前のチャビン文化（アンデス最初の文明）、西暦紀元元年頃からの群雄割拠で生まれたモチーカ文化（先に土器について言及）、ナスカ文化（地上絵で有名な文化）など。一〇〇〇年以降は、再度の群雄割拠で現れたチャンカイ、チムーなどの文化。その後、一二五〇年にインカ帝国が誕生する。以上の文化は、ほぼすべて現在のペルー国内（一部はボリビア）で栄えている。

余談だが、父から小さい魚の化石が埋めこまれた石片をもらったことがある。子どもへのプレゼントとしては奇妙だが、どういうわけか、それを今も大事にしている。

アンデス文明に魅せられて
——持続可能な社会を構築してきた先住民

天野芳太郎について調べ、父から聞いたことをそれに重ねていくうちに、ペルーへの、否、アンデス文明への興味が俄然湧いてきた。しかも、父はペルーの紀行文も遺しており、鉱山地質技師以外の顔をのぞかせている。そこで、父のペルー紀行をいささか織りこみながら、アンデス文明について私なりに触れていくことにする。言うなれば、娘による「父の関心」の引き継ぎ作業である。

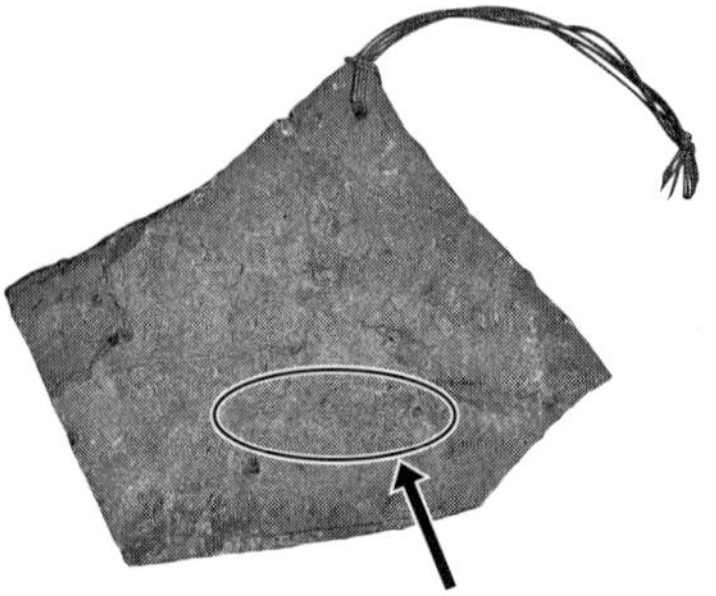

石片の写真（丸印のところが化石）

インカ民族は、一二〇〇年ころにクスコ付近に居住した部族であり、一五世紀末にはエクアドルからチリに及ぶという広大なアンデス地帯を支配していた。しかし、ヨーロッパの植民地政策の餌食となり、フランシスコ・ピサロ（Francisco Pizarro, 1470?～1541）が率いるスペイン人たちによって征服されてしまう。多数の死者を出し、インカ帝国はあっけなく滅びた。

しかし、残ったのは遺跡だけではなかった。先住民の一部が生き残ったのである。恐ろしいほどの殲滅《せんめつ》政策の網をくぐって、いったいどうして生き延びたのか。その鍵は、インカの石積み技と灌漑設備・技術、およびジャガイモにあった。ひと言で表現すれば、高度差の大きい地域を生きるための、食糧をまかなった知恵である。

この説明に入る前に、アンデスという名称の由来に触れる必要がある。

「かんがい設備をそなえた階段耕地アンデネス」の石積みの精巧さと壮大さに驚いたスペイン人が、「アンデネスをこの地方のよび名として使っているうち、なまってアンデスになった」と言われている（参考文献59、一五一～一五二ページ）。

インカの人びとは、水不足の克服と高度差（約四〇〇〇メートル）の利用に長けており、その知識と技が受け継がれてきた。高地部のキチュアにおいても主作物のトウモロコシの栽培が可能であったのも、階段耕地アンデネスのおかげである。

クスコの街並み　©by gertrudis2010

標高四〇〇〇メートルの高地に暮らす先住民は、キチュアより高地のスニ帯においてジャガイモを栽培するなどの農業に勤しむほか、ヨーロッパ人がもちこんだヒツジやウシやウマとともにリャマやアルパカを飼育してきた。山本紀夫（国立民族学博物館名誉教授）の論文「インディオの高原」（参考文献59所収）によると、平均的な家族では、ヒツジが十数頭、リャマ、アルパカを合わせて四〇～五〇頭、それに数頭のウマとウシを飼育していたという（参考文献59、一五四ページ）。

二〇一二年に発売された『ペルー　アルパカ』（写真＝上田義彦、文＝原研哉、株式会社良品計画）によると、標高四一五〇メートルのピナヤ村ではアルパカ数百頭を飼育する大規模飼育場もあるが、一家族の平均的なアルパカ飼育頭数は二〇頭となっていた（前掲書、二四ページ）。また、先住民の主作物の一つであるトウモロコシは温暖な環境帯であるキチュアで、ジャガイモはスニ帯で栽培されている。

ジャガイモといえば、私たちはさまざまな料理の食材として重宝している。私は、とりわけ「インカのめざめ」というジャガイモが好きだ。黄色みを帯びており、ホクホクとして実においしい。このジャガイモの原産地がアンデス（ペルーとボリビアにまたがる中央アンデス南部高地）であることを知ったのはつい最近で、名前の説得力にうなずいてしまった。私たちは、意外にもインカの食文化を身近に楽しんでいたわけである。

アンデスでのジャガイモ栽培には、現代社会にも通底する持続可能性の鍵が隠されていた。一つは多様性だ。実に、一つの村で一〇〇種類ものジャガイモ品種が栽培されている（参考文献60、二六一ページ参照）。厳しい環境下での栽培となるから、病気や日照りによって左右される収穫リスクを回避するほか、さらに高度差も考慮して多様な種を栽培しているわけである。

もう一つは、連作障害を予防するためにジャガイモの耕地を区分化している。村の共同管理のもとで住民は、ローテーションを組んで耕作し、一部を休閑地としている（参考文献59、一五四ページ参照）。休閑地では家畜が放牧されており、家畜の糞が地力回復にひと役買っている。さらに、ジャガイモの植え付けなどの農繁期（かぎられた時間内で終わらせるトウモロコシ耕地の耕起作業など）には、親族内での労働の交換（ayni《アイニ》）が行われている（参考文献60、二五四〜二五五ページ参照）。

相互扶助的な協力関係が共同体内に存在しているのだ。また、住民の一部を低地に住まわせ、低地でしか手に入らないもの、たとえば重要な肥料グアノなどを高地に暮らす住民に送らせるといった協力体制もあるという。このような形で、多様な社会的な交換がいわば「制度」として機能し、共同体を成立させてきた（参考文献19、一七〜一八ページ参照）。

しかし、村からの人口流出などといった問題があるほか、社会的な交換に際して人間関係に不平等感が生まれる場合があるなど（参考文献19、一九ページ）、先住民共同体が育んできた「制度」

ミニ知識

アンデス住民と八つの環境帯

ペルーの地理学者ブルガル・ビダル（Pulgar Vidal, 1911～2003）は、地形、気候、景観の相違によって八つの環境帯を設定した。標高の高いところから順に、「ハンカ（標高4800m以上、雪山）」、「プーナ（標高4000から4800mの寒冷な高原・アタカマ高地など）」、「スニ（標高3500～4000mの冷涼な谷の上部）」、「キチュア（標高2300～3500mの温暖な谷間や盆地）」、「ユンガ（標高500～2300mの高気温の谷）」、「チャラ（標高500mまでの海岸砂漠とオアシス）」、「ルパルパ（標高400～1000mの熱帯雨林）」、「オマグア（標高400m以下の平地森林）」となる（『週刊朝日百科116　世界の地理　ラテン・アメリカ　ペルー　ボリビア　チリ』1986年、150ページ参照）。

も社会変容の波を受けているようで、難しい局面に立たされている。

とはいえ、先住民は土地を「コモン」として扱い、共同管理してきたことはまちがいない。「コモン」という言葉は、現代社会における「持続可能性の鍵」の一つとして理論化されている（斎藤幸平『人新世の「資本論」』集英社新書、二〇二〇年など参照）が、アンデスでは古くからジャガイモ栽培などにおいて具体化されていたことになる。

スペイン人の卑劣で過酷な殺戮にも耐え、土壌破壊も起きかねない脆弱な土地において現在も先住民社会が持続しているという事実は、共同体という社会組織のありようと、ジャガイモをはじめとする多種多様な作物の栽培、つまり多様性によるリスク管理が功を奏してきたからであると言えるだろう。

先に紹介した「インディオの高原」という論文を書いた山本紀夫は、「パチャママ（母なる大地、大地の神）信仰にみられる自然の大地への感謝の気持」も土地の永続的利用を支えている、と指摘している（参考文献59、一五五ページ）。

鉱山地質技師が願う未来

一鉱山地質技師（父）の五〇代の日々は、南米での地道な探鉱生活に明け暮れた。その実直さに山の神が微笑んだのだろうか、探鉱に成功した。

資源に乏しい日本の経済成長は、海外の資源開発に頼らざるを得ず、父ばかりでなく多くの鉱山技師が海外の各地に赴き、厳しい自然環境のなかで懸命に調査し、資源獲得のために尽力した。鉱山地質技師の矜持《きょうじ》と労苦が日本の高度経済成長を支えた、とも言えるだろう。

そういえば、私が大学で第二外国語としてロシア語を選ぼうとしたとき、父は「地下資源の豊かなロシアとの交流は将来ますます大切になるから」という理由で賛成していた。何につけ父は、資源が取り持つ友好関係に重点を置いていたようだ。

日本では味わえないような自然との遭遇に感動したり、心揺さぶられる経験などがあったとは

ミニ知識

鉱山事故——地中深くからの奇跡の救出

チリで起こった一つの大事件、アタカマ砂漠で起きた鉱山事故について説明しよう。

「アタカマ砂漠の鉱山事故」と聞いただけで心が震えた。かつて父がいた砂漠であったからだ。そればかりではない。幼いころから私は、「鉱山事故」というニュースにひどく敏感に育った。父が三菱鉱業に勤めていたからである。

事故は、2010年8月にサンホセ鉱山で起こった。この鉱山はアタカマ砂漠にあり、コピアポ市に近い。チリを世界中で有名にしたのは、「我々は元気で避難所にいる。33人」という地下700メートルから届いたメッセージであった。

「生きている！」世界中が驚き、歓喜に湧いた。

サンホセ鉱山の落盤事故で、33人が地中深く69日間も閉じこめられた。恐怖、飢餓に苦しみながらも、わずかな缶詰を分け合うなどして助け合い、毎日会議を開いては重要な決定について話し合い、生き延びることを諦めなかった。

ピニェラ（Sebastián Piñera Echenique）大統領（当時）に提出された資料によれば、誰かが生き延びる可能性は2パーセント。にもかかわらず、全員が救出された。そのわけを当事者に尋ねたところ、返ってきた答えは「ユーモアと民主主義だよ」であった。

全員が救出されるまでには69日間かかった。世界中の技術を駆使した、諦めない救出活動が実を結んだのである。33人の鉱山労働者たちは、死に直面している極限状態にあったが、全員が無事に地上に出て、世界中が歓喜に湧いたのである。

この生存と救出の人間模様については、ジョナサン・フランクリンが著した『チリ33人　生存と救出、知られざる記録』（共同通信社訳、共同通信社、2011年）に詳しい。

いえ、海外での資源調査は、総じてかなり過酷な（時には想像を絶する）環境下での仕事であった。繰り返すが、アタカマ砂漠は、岩山と砂、ゴロゴロとした岩と石、砂丘だけであり、自然の荒々しくもおおらかな美しさがあるとはいえ、すさまじく厳しい表情を崩すことがまずない。そこで父が経験した探鉱過程を知れば知るほど、調査チームの労苦がひしひしと感じられてくる。

海外生活といっても、日本人が一般的に憧れている欧米諸都市における駐在員生活とはまったくの別世界だ。父が我慢強く粘って探鉱に成功したのは、鉱山地質技師としての実力ばかりではなく、心持ちによったのではないだろうか。生来のおおらかさと好奇心旺盛な遊び心（動植物への愛情、異文化への敬愛）をもって仕事に集中した。生じていたであろうストレスを、総じてチリへの興味と愛情から生まれるエネルギーによって発散し、新しい活力を得たのであろう。

言うまでもなく、資源開発は往々にして環境破壊につながることがある。開発の計画と方法も問題になる。父が鉱物資源調査をしたころは、現在のように開発と環境との関係について厳しく問われるという時代ではなかった。砂漠の鉄鉱山の露天掘りという資源開発は、現在の日本に見られるような、里山や緑地の崩壊といった自然破壊に連動するものではなかったし、先住民の生活権を奪うものでもなかった。それでも父は、開発行為に幾分か疑問を抱いていたようだ。

帰国後、父はしばらくしてから地域の自然保護のために活動をはじめた。教員生活をしていたころ（一九三〇年四月～一九三三年三月）から「自然（動物・植物・地質など）大好き人間」であったからだが、海外に滞在中、家族を守った母が里山（現在の「関さんの森」）を大事にしていたことへの罪滅ぼしかもしれない。しかし、それだけでは到底理解できないほど、自然保護・里山の保全に打ちこんだ。

「自然に学び、寄り添い、共存する」が父の生き方の軸であったと思われるが、資源開発への参加経験が触媒になってか、晩年は、この生き方を里山の保全・保護活動で実現しようと市民運動を立ちあげ、遊び場が少なくなった子どもたちのために自然を残すという活動に奮励した。

マクロ的に言えば、自然資源や動植物が取り持つ人間の友好関係によって、ミクロ的には、人と自然との関係のあり方が人と人とを結び、こうした生き方の文化によって「地域」と「風景」が編まれる――これが父の思いであったと思われる。

母と父、そして私たち姉妹が守り切った里山「関さんの森」（松戸市幸谷）

チリの人びとにとってのアタカマ砂漠の新しい意味

アタカマ鉱山で採掘された鉄鉱石の日本への送鉱は、一九六〇年一〇月から一九七七年五月までで、合計六二三万トンに達した。アタカマ鉱業有限会社が現地法人の幕を引いたのは一九八〇年五月であった。

さて、父が活躍していたころ、チリの人びとにとってサンティアゴやアタカマについての心象はどういうものであったのだろうか。ドキュメンタリー映画の巨匠パトリシオ・グスマン監督（Patricio Guzmán Lozanes）は言う。

「子どものころ、チリはのどかで世界から取り残された聖域のようだった」（EQUIPE DE CINEMA No.207、二〇一五年、五ページ）

父が訪れなくなってから、チリに激変が起こった。一九七〇年に無血の社会主義革命が成功してアジェンデ（Salvador Guillermo Allende Gossens, 1908～1973）政権が生まれ、世界中が注目したのである。グスマン監督によれば、一九七〇年代に入ってチリは革命を経験し、「わたくしの魂には永遠に希望という光が刻まれた」（前掲書、五ページ）とある。

ところが、アジェンデ政権は、ピノチェト（Augusto José Ramón Pinochet Ugarte, 1915～2006）による軍事クーデターによって三年ほどでもろくも倒され、それ以降、一八年にわたってピノチェト政権が続いた。その結果、チリの人びとにとってのアタカマ砂漠の意味が大きく変わってしまった。

砂漠が、政治囚の処刑地となってしまったのだ。ピノチェトの独裁政権に反対する人びとが多かったのだが、彼／彼女らは次々と捕えられ、砂漠内の強制収容所に閉じこめられ、多くの人が処刑され、砂漠に埋められた（最初の死亡者数として、三〇〇〇人が処刑または行方不明という指摘がある。前掲書、一六ページ参照）。

ピノチェト独裁政権は、のちに死体を掘り

ピノチェトの肖像画（©Ministerio de Relaciones Exteriores de Chile）

モネダ宮殿前に建つアジェンデ像
© ウスアリオ・パトリシオ・メクレンブルク（メトロニック）

起こして海に捨てるなどして、その処刑の痕跡を消そうとした。しかし、家族を失った遺族は諦めきれず、現在でも遺骨を求めて砂漠をスコップで掘り起こし続けている。実際、二〇〇八年には、行方不明となっていた三名の遺体が発見されている。

　このような遺骨を探す女性グループの姿を映像として伝えたのが、グスマン監督のドキュメンタリー映画『光のノスタルジア』（二〇一〇年）である。現在のチリを象徴する天文台近くの砂漠に「チャカブコ収容所」の跡がある。この収容所は、一九世紀、硝石を採掘した鉱山労働者たちの宿舎であった。

　チリを象徴する天文台、これも現在のアタカマ砂漠の姿である。世界でもっとも乾燥したアタカマは、世界中から天文学者が集う場所となっている。乾燥し、大気に揺らぎや湿気がないので、天文観測にことのほか向いているという。空気の薄い標高五〇〇〇メートル超えの高地では赤外

チリの天文台にあるアルマ望遠鏡。正式名称は「アタカマ大型ミリ波サブミリ波干渉計」（提供：国立天文台）

『光のノスタルジア』のパンフレット

線や電波の透過率が高まり、天文学者にとって、これに勝る観測条件はない。

一九六〇年代から欧米の天文学者が注目し、一九六七年に天文台が「トロロ」の丘に造られたのを皮切りに、次々と開設され、最先端の電波望遠鏡が建設された。こうしてアタカマ砂漠は、巨大なドーム状の天文台が象徴する、天文学者のあこがれの地となっている。二一世紀に入ってから日本も、標高五〇〇〇メートルに六〇台以上のパラボラアンテナを並べるという、日米欧の大掛かりな国際協力プロジェクトである「ＡＬＭＡプロジェクト」に加わっている。ちなみに「ＡＬＭＡ」とは、スペイン語で「魂」、「精神」という意味である（参照：EQUIPE DE CINEMA No.207）。

最先端科学の光を象徴する天文台と市民の悲しい過去が同居しているところ、そこが現在のアタカマ砂漠である。

アタカマ砂漠のもう一つの顔――砂漠に氷河？

アタカマ砂漠に氷河がある。砂漠に氷河、「ありえない」と誰しも思うだろうが、実際にあるのだ。それは、標高四八〇〇メートルにある「タパド氷河」である。美しくも摩訶不思議な光景を、ＮＨＫの番組「ＢＳプレミアム　グレート・ネイチャー」（二〇一四年七月四日放送）に基づいて紹介しよう。

砂漠の標高五〇〇〇メートル以上から四八〇〇メートルの地点にかけて巨大な氷河がある。その様相、普通のものとは大きく異なっている。全面が剣山状（金属製の太い針が上向きに植えられた華道道具）になっているのだ。砂漠の岩山の一部に、先のとがった鋭利な氷の剣が無数に突っ立っているという光景だ。

氷柱の大きさは、大きいものだと二〇メートル以上にもなる。ペニテンテス（penitentes）、つまり「悔悛者」、「贖罪のために苦行する人」という意味の、いわば氷の芸術である。約一メートルという小さな氷柱もあるので、氷の林に入ったら決して滑って転んではいけない。危険極まりない氷河、息をのむ光景である。

アタカマ砂漠の意外な表情をもう一つ紹介しよう。約四三〇〇メートルの地点に、オレンジ色の、それはそれはきれいな湖がある。数千羽のフラミンゴが羽を休めている。オレンジ色の正体は赤いプランクトン。それを餌にしているフラミンゴは、羽根がプランクトン色になる。もう一つ、エメラルドグリーンの、引きこまれそうな美しい湖もある。ミネラルと地表の塩分からつくり出される色だという。

湖には、川が流れこんでいない。では、どうして湖が生まれるのだろうか。その理由は、アンデス山脈とその東に位置するアマゾン流域にあった。アマゾン流域からの大量の水蒸気がアンデス山脈にぶつかって雨を降らせ、雪も降る。その雪が地中に染みこんで、砂漠の地表ににじみ出てくるというわけだ。その証拠として、砂漠の一部に、水がかすかに染み出ているところがある。

つまり、南米大陸の東を流れるアマゾン川とアンデス山脈、およびアタカマ砂漠はつながっているということだ。自然の壮大な一体化と相互作用に畏敬の念を抱かずにはいられない。文字どおり「ウルトラ大自然」である。（NHK　BSプレミアム「グレート・ネイチャー：大接近！　躍動の砂漠と氷河の剣～南米アンデス・アタカマ」参照）

アカタマ砂漠のチャクサ湖（塩湖）©Heretiq

第3章 チリの小さな博物誌

父は、サンティアゴの書店で動物学の専門書を見つけると、たいそう喜んで購入していた。チリを中心に、中南米に生息する哺乳類、鳥類、魚類について丹念に調べ、検索表を使って「目」、「科」、「属」、「種」、「亜種」によって野生動物を分類している。手記には、検索結果、学名、動物の特徴などが記されており、分類はほとんどスペイン語で表記されている。

優に一冊となるほどの「チリの博物誌」に関する原稿（手記）が遺されていたが、ここでは、その極々一部、父が鉱山調査で出合った動物たちについてのみ、手記を再録していきたい。こうすることで、鉱物資源調査で父がどのような動物に、どのように出合ったかが紹介できるし、鉱山地質技師の活動を囲繞《いにょう》していた環境の全景に迫ることができる。

すでに読まれたとおり、類似の記述が第1章と第2章にもあるが、ここでは父自身が書いた文書によって野生動物との出合いのリアリティを再現していきたい。

動植物についての膨大なメモづくりは、チリをチリたらしめている生きものたち（一部ペルーをペルーたらしめている生きものたち）を明らかにするもので、そうした生きものたちに対する人びとの付き合い方と向き合い方にも触れ、動物を軸にチリの全体像を伝えたいという、畢竟《ひっきょう》、チリへの敬愛の表現活動と思われる。要するに、チリをチリたらしめている生きもの（人間も含む）すべてとのかかわりあいという全体像の描写である。

なお、再録部分は、これまでと同じく上部に線を引いたほか、数字は漢数字に置き換え、部分的に改行を加えている。また、そのあとで私が若干の注釈をつけることにした。


南米アンデス地帯の大型動物ということになると誰しも哺乳類ではリャマ、鳥類ではコンドルが頭に浮かぶと思う。アンデス山脈はいうまでもなく南米大陸の太平洋側にひどく片寄って南北に走る大山脈であるから、ペルーとかチリのような太平洋側の国々は幅が狭いが、反対にブラジルとかアルゼンチンといった大西洋側はまことに広大である。だから、南米の表側は大西洋側で裏側が太平洋側という通念がある。

日本から見ると、その反対のような気がするが、仕方がない。私はこの裏側の国々は比較的詳しいが、表側の方の足跡は乏しく、ことにアマゾン流域という動・植物の宝庫みたいなところへは全く足を踏み入れていない。

裏側の方は大雑把にいって乾燥地帯であり、ことにチリの北部などはアタカマ砂漠という有名な砂漠が海岸に沿ってペルー南部からチリのコピアポ川まで南北に拡がっているので、動・植物はまことに乏しく、特にとりたてて書くようなことはないようなものであるが、それだけに他の地帯では見られないような自然現象もないわけではない。

私はそのコピアポ川の中流にあるコピアポ市というアタカマ州の州都に根拠地を置いたが、これはある意味では大変に幸運であった。砂漠地帯の生物界を見ることもできたし、第一猛獣、毒蛇、毒虫などという忌まわしいものには縁はないし、空気は年中乾燥していて気温は亜熱帯性であるから極めて健康地であったからである。事実、私たちの仲間で何年間も長期に滞在した人たちで病気した人はいない。（手記より）

父はアマゾン低地までは行っていないが、源流の一つであるアプリマク川（Río Apurimac）の最上流近くの銅鉱床は調査している。そこは標高四〇〇〇メートル以上で、「高山病になりそうであったが、我慢して仕事を終え、少し下ったところのチャルウァンカという小さな町に泊まったことがある」という記述が手記に残されている。

リャマ

リャマはアンデス地帯のインディオには大切な家畜であり、平地の馬の代わりに荷物運搬に欠かせないようで、ペルーの山岳地帯では同じ仲間のアルパカとともに放牧されているのを再々見たし、道路上でリャマの隊商と出くわしたこともある。平地の馬に代わる運搬屋である。高さにして三〇〇〇～四〇〇〇メートルのところに放牧されている場合が多い。

（中略）

言うまでもないがペルーではリャマやアルパカの毛皮は重要な土産品となっている。ビクーニャも見かけることがあるが、値段が桁違いに高い。（手記より）

手記によればリャマは、「日本の動物園ではこの動物にラマと表示しているが、学名から言えば、Lama guanicse muller（日本の動物図鑑では、「Lama huanachus Moe」となっている）であるからラマで差し支えないが、ペルーやチリではリャマあるいはヤマと発音している」ので、一貫して「リャマ」と表記するとされていた。のちに援用する『朝日新聞』「新どうぶつ記」（一九八八年）では「ラマ」の表記がとられている。

また、父の手記によれば、先住民に引率されたリャマの隊商に何度も出会ったことがあり、リャマを「馬に代わる運搬屋」と、愛着をもって記している。人間の合図で立ちあがり、何頭もおとなしく隊をつくって、荷袋（振り分け荷袋）を背中の両側に垂れるようにして背負って荷を運んでいたようだ。

調査で標高三〇〇〇～四〇〇〇メートルの高地を歩いていた父は、リャマやアルパカの放牧をよく見かけ、写真にも収めている。日常的によく見るなじみの動物といった印象であったようだ。

少しだけ、アルパカとリャマについて補足しておこう。

繰り返すが、南米のラクダ科といえば、アルパカとリャマ、ビクーニャとグワナコである。血液を採取しての遺伝学的分析により、リャマとグアナコ、アルパカとビクーニャの近縁性が明らかになったという（参考文献5、一二〇ページ［みんぱくリポジトリより］）。

先住民は、アルパカやリャマを放牧という方法で育て、毛が伸びたところで捕まえて毛を刈り、その後、野に放っている。リャマも毛を刈るが、質がアルパカより落ちるた

アルパカの放牧（撮影：関武夫）

め、荷袋などの素材として利用されている。毛を刈る作業は、二人がかりで一頭のアルパカを約一五分で仕上げるそうだ。ペルーのケチュア族は、この毛を紡いで編みものをつくっている。

家畜としての用途でいえば、リャマは輸送手段で、アルパカは毛の利用である。読んだ論文によれば、両者ともに、肉が牧民の食用になり、血液も腸詰として食される。ただし、祭りのとき以外はそれほど屠殺しない（前掲書、一二四ページ）という。皮は皮紐として利用され、糞は燃料や肥料（牧民による農民との物々交換）になる。でも、乳は利用されない。

リャマは、アンデスのラクダ科動物のうちでもっとも大きく、体高約一・二メートル、体重は七〇～一四〇キログラム。頭から尻までの長さが約二メートルで、体の色は、白、茶、灰、黒のほか、多色（白と茶のまだらのものなど）のものもいる。睫《まつげ》が長く、性格はおとなしく、人間に慣れやすいようだ。

アルパカよりも背が高いリャマは、何でも食べて頑丈で、プレ・インカおよびインカ時代はもとより、現在でも危険な山道の荷役用として役立っている家畜である。その証拠に、土器にはリャマを引く男性などが具象化されている（参考文献38、二二一～二二三ページ参照）。

二歳ころから荷駄用として訓練されるリャマは、三歳ころに一人前となって、四六キロくらいまでの荷を負って、一日二〇キロほど歩くという。そのキャラバンは、十数頭から数十頭で編成されるようだ（参考文献5、一二三ページ参照）。

二〇〇五年の研究報告によれば、ボリビアに約一八〇万頭、ペルーに一一〇万頭以上が飼育されており、チリやアルゼンチン、エクアドルでも若干飼育されているとも書かれている（参考文献５参照）。

一方、アルパカは、毛がカシミヤと並び、暖かで防寒着・おしゃれ着の素材となっている。過酷な自然環境に生息しているため、その毛は保温力に優れている。カシミヤは触るとヌメッとした柔らかな感触が独特なのに対して、アルパカの毛はしっとりとした感触である。アルパカは皺になりにくく、丈夫で扱いやすいが、カシミヤは傷みやすいデリケートな素材である。

アルパカの体長は約二メートル、体高は約一メートル。ビクーニャより大きく、リャマやグアナコより小さい。リャマと同じくおとなしいが、「威嚇の際には唾を吐き、その唾は洗ってもおちない」とは、父の談である。

余談だが、日本においてアルパカを一躍有名にしたのはテレビコマーシャルであった。アルパカの愛くるしさに多くの人が魅了された。アルパカ人気の火付け役は、クラレ社のＣＭ「ミラバケッソ」（未来［ミライ］に化ける［バケル］新素［ソ］材→ミラバケッソ）シリーズ（二〇〇九年）であった。

みなさんも記憶されていると思うが、アルパカの「クラレちゃん」の愛くるしさが人気を呼んだ。アルパカは、あどけない大きな瞳と白いふかふかした気持ちよさそうな毛が理由で、好感度抜群の動物である。なお、今でも時々、アルパカはテレビのさまざまなCMに登場しているので、注意をして見ていただきたい。

　余談はさておき、アルパカには茶、黒、グレー、ベージュ、稀にはツートンカラーまでいる[1]。事実、一〇年前までは有色アルパカが圧倒的に優勢であった。

　その後、商品化に際して、自在に染色できる白色アルパカが好まれ、アルパカの白色化が進んだ。一〇年前は九割が有色アルパカであったと言われるから、白色化は、動物という自然界に人間の営利主義が浸食した事例の一つと言えるであろう。

　アルパカの毛は、モコモコ、フカフカのほどよい長さのものばかりと思いこんでいたが、どうやらそうではなさそうだ。地面につきそうな長い、重そうな毛をまとったアルパカもいる。アルパカにはワカイヤ種とスリ種があり、一般的に目にするのはワカイヤ種で、スリ種のほうは、毛が長く垂れさがり、巻き毛で、独特の艶がある、と取材した原研哉（グラフィックデザイナー）は言っている（参考文献9、三三ページ）。

　なお、スリ種の毛は稀少で、高級素材とされている。スリ種のアルパカが「（前略）伸びた前髪の間からこちらをうかがう風情はミステリアス。可愛らしさでは断然ワカイヤ種であるが、神秘性ではスリ種」とは、アルパカに魅せられた原の見解である（参考文献9）。

このような原の記述は、写真集『ペルー　アルパカ』（上田義彦写真、良品計画、二〇一一年）に掲載されている。それを見ていたとき、「ベビーアルパカ」という表記を目にした。子どものアルパカの毛とばかり思っていたが、これがまた大まちがいであった。写真集によれば、アルパカの繊維は、もっとも細い「ロイヤル」で一九ミクロン、「ベビーアルパカ」で二二ミクロン、「スーパーファイン」で二五ミクロン、標準クラスは三〇ミクロンを超えるものもあるそうだ。単位が細かすぎて、その細さが想像できない。なお、スリ種についてはこの分類は該当しないという。

参考までに記すと、ビクーニャの毛は一二～一四ミクロンで、非常に細くてしなやかのため王族専用とされて、一般人の使用は禁じられていたそうである（参考文献9、三一ページ参照）

ビクーニャ

Dr. Housse の論文（一九五三年）によると、リャマの仲間は偶蹄目、反芻亜目、ラクダ科に属し、次の四種が含まれるとある。

ワナコ［グアナコ］（Guanaco）

（1）写真集『アルパカ』（東京書籍出版編集部編、東京書籍、二〇〇九年）には、白と茶のアルパカなど、ツートンカラーのかわいいアルパカの写真が何枚も掲載されている。

ビクーニャ（Vicuña）
リャマ（Llama）
アルパカ（Alpaca）

ところが、チリ大学のDr. Mannの一九五八年の論文「チリの野生哺乳類の種決定のためのキー」によると、ワナコ［グアナコ］とビクーニャは載っているが、リャマとアルパカは載っていない。その理由は、ワナコとビクーニャは野生であるが、リャマとアルパカは家畜化された動物であるからということにある。

実際にリャマとアルパカは高原に放牧されており、リャマは運搬用に、アルパカはリャマと共に毛皮用に飼育されている。ビクーニャは山岳地帯に、またワナコは山地でも平地でも、その分布は広い。

リャマのキャラバン（撮影：関武夫）

ビクーニャを見たのはチリ北部のアンデス山麓をジープで走っているときである。数頭の群れが驚いて逃げるのを見かけた。大きさは小形のシカといったところであろう。「新どうぶつ記」（『朝日新聞』一九八八年九月一一日付）によると、肩までの高さが九〇センチ前後、体重は五〇キロ前後でほかの仲間［ラクダ科の仲間］よりひとまわり小さい。

続いて、主に上記の『朝日新聞』「新どうぶつ記」にもとづきビクーニャについて紹介する。

北米で生息していたラクダ科の祖先が、南米とアジアとに分散し、前者が瘤のない「高原のラクダ」に、後者が「瘤のあるラクダ」に進化したものである。

この動物［ビクーニャ］の毛は黄金の毛とも言われ、一頭から一五〇グラムしかとれず、インカ時代から貴重なものとされ、祭りのためのほかは禁猟となっていた。必要な場合捕獲しても毛だけ刈りとって、殺さずにもとの山野に放した。ところが、一六世紀にスペイン人が来てから、高価な毛を目当てに濫獲が行われて、その数が激減した。一九六五年の国際自然保護連合（IUCN）の統計によると、

ペルー	五〇〇〇頭
ボリビア	一〇〇〇頭
アルゼンチン	一〇〇頭
チリ	一〇〇頭

という数字が挙げられており、インカ時代にペルーだけで二〇〇万頭以上いるといわれていたのに、全部合わせても六〇〇〇頭あまりが生き残っているだけであった。

短期間に大量捕獲されたのは、むしろ二〇世紀に入ってからで、ビクーニャの胸の毛で作った高価なコートの流行が米国から欧州まで広がり、第二次世界大戦後の二〇年間に限っても、約四〇万頭が殺された。そこで一九六五年ペルー政府がビクーニャ保護区の設置に踏み切り、七〇年には最大消費国であった英国と米国がビクーニャ製品の輸入を禁止した。

このニつの措置の効果は予想をはるかに超えて、最近の調査では［生息数が］約一三万頭となり、すなわちこの二〇年間で二〇倍に増えた。野生の草食獣が、これほど短い期間に個体数を回復した例はほとんどなく、「奇跡の復活」といわれている。（以上、『朝日新聞』参照）

ペルーのリマの土産物店に数は少ないがビクーニャ製品を見かけた。とてもわたし［父］の手の届くような値段ではなかった。（手記より）

ビクーニャは、標高三五〇〇メートル以上の「プーナ」と呼ばれる高原地帯に生息している。一九九四年の研究論文では、ビクーニャの体重は平均三七キロとなっている（参考文献5、一二〇ページ［みんぱくリポジトリより］）。

大人になると生える胸の毛は、細くて柔らかで絹のようである。一九八八年の『朝日新聞』（「新どうぶつ記」）によれば、ビクーニャの毛一〇〇パーセントの暖かなコートは、仕立て代を含めて、日本では一着三五〇万円から五五〇万円もするとのことであった。ビクーニャは瞳が大きく、あどけない表情のかわいい動物だが、警戒心は非常に強い。

ビクーニャを捕獲し、毛を刈って放す「チャク」という手法は、インカ時代に皇帝の指揮のもとに行われていたが、インカ帝国とともに消滅した。その後は、ビクーニャの濫獲《らんかく》がはじまり、絶滅の危機に瀕した。ただ、「チャク」は野生動物の持続可能性を保証する方法であったことから、新しい技術を取り入れて一九九三年に復活している。その結果、個体数が増加したという（参考文献5、一二〇ページ参照）。

日本動物園水族館協会に加盟している施設のなかで、二〇二二年現在、ビクーニャを飼育・展示しているところは見当たらない。一九八四年四月から二〇〇〇年一二月まで、横浜市立金沢動物園で飼育されていたとのことである。

グアナコ（ワナコ）

次にワナコ。文字通り読めばグアナコとなるが、チリではワナコの方が通じやすい。

この動物はチリでは北部の砂漠地帯から南のパタゴニアまで、また四〇〇〇メートルの高地から沿岸部まで、その生息域は広い。わたしはチリ北部のアタカマ砂漠の高原

ビクーニャ ©Dick Culbert

（高さ一〇〇〇メートル）をジープで移動中に一頭のワナコに遭遇したことがあったし、また、コピアポ市の宿舎で知人から飼育を頼まれたことがあった。大きさはシカぐらいで、もともと野生であるから人になかなか慣れず、餌付けに苦労した。

いろいろ餌を工夫してみたが、何としても餌付けができず、一週間位で死んでしまい、かわいそうなことをした。ラクダ科であるだけに至極おとなしい動物である。

（中略）

ワナコは、随分と人間の役に立ったように書物には書いてあるが、チリではその毛皮も上等ではないということで、あまり役にたたない人間のことを、「あいつはワナコだ」と悪口の代名詞になっていた。

また、ワナコが沢山生息するところには天敵のプマ（Puma）、すなわちアメリカライオン［ピューマ］がしばしば出没するので、要注意と言われていた。（手記より）

グアナコ

グアナコの高さは一～一・二メートルで、全長は一・五～一・六メートルぐらいである。体重はビクーニャの二倍ほどで、一〇〇キロ前後だという。リャマと同じく、厚い毛をまとっている。

ただ、ビクーニャとは異なり、胸に白い冠毛《かんもう》はない。

五種類の鳥

アメリカ合衆国ワシントンに汎アメリカ連合（Pan American Union）という機関があり、ラテンアメリカの紹介を要約して気の利いたパンフレットを出しているが、その中にFive birds of Latin Americaというのがあり、中南米を代表する五種の鳥のことが書いてある。

北から

1. メキシコのCaracara（カラカラ）〔ハヤブサ目ハヤブサ科〕
2. ガテマラのQuetzal〔ケツァール〕
3. アンデス山脈のCondor（コンドル）
4. パラグアイのMacaw〔マコウ、インコ〕
5. アルゼンチンのHornero〔オルネーロ：カマドドリ、アルゼンチンの国鳥〕

私は上記五種類のうち、はるかに上空で舞うコンドルと、マコウと思しき大群をペルーで見た。また、ケツァールはガテマラ空港の売店でその小型の玩〔飾り物〕を見て、その愛らしさに早速求めただけで、現物を見ていない。これが国鳥で国旗にも描かれているだけでなく、通貨単位になっていることはあとから知った。

これら五種類の鳥のことを調べてみると、興味ある事柄が見当たるので書いてみよう。（手記より）

ここでは、父が実際に出会った「コンドル」と、出合ったと思しき「マコウ」についての記述だけを再録する。なお、買い求めた土産物の「ケツァール」の飾り物は、今も我が家に健在である。

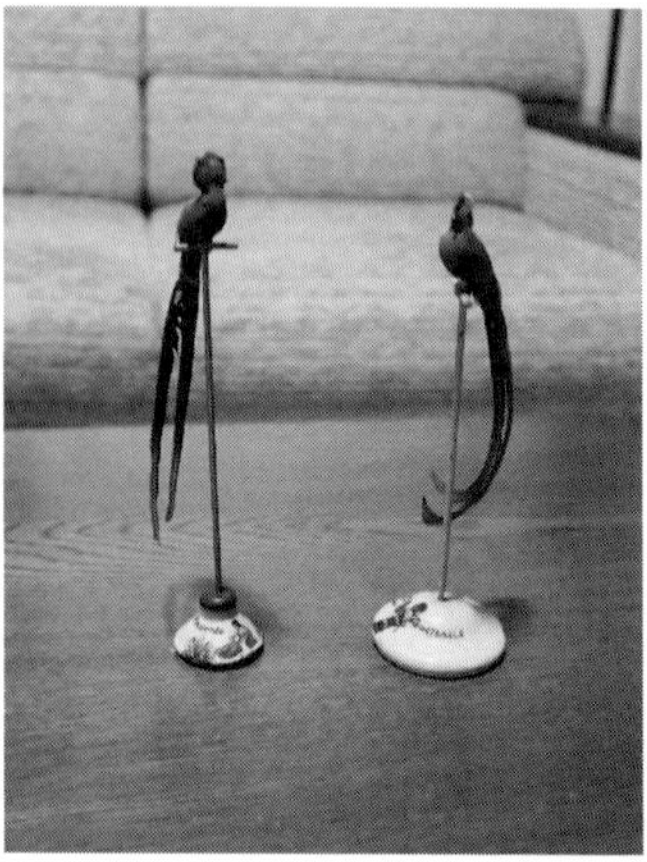

ケツァールの飾り物

コンドル

南米で鳥の話しということになると誰しもコンドル（cóndor）の名前が頭に浮かぶであろう。アンデス国家といわれる国々の紋章［国章］や発掘土器にコンドルが姿を見せているのは、その勇姿に尊厳とあこがれを人々が抱いていたからであろう。

私もペルーやチリで何回かアンデスに登り、アンデス山脈の分水嶺に立ったことも二〜三回あるが、この鳥の勇姿に接することはできなかった。しかし、ペルー南部の海岸地帯を歩いている時、はるか上空を羽ばたきもせず悠々と舞う大きな鳥を見たとき、現地の人が、「あれがコンドルです」、と教えてくれた。

コンドルは、ワシ・タカ目、コンドル科に属する。オオコンドルまたはアンデスコンドルと呼ばれる。この科にはもっと小形のカリフォルニアコンドルとかヒメコンドルがいる。チリ博物館で入手することができた『チリの鳥類』（Las Aves de Chile）を見ると、チリではコンドルは北のアリカ（Arica）から南のカボ・デ・オルノス（Cabo de Hornos）の山岳地帯まで見られる。体長は一〇三〜一三〇センチ、拡げた翼の幅は三メートル以上にもなる。

日本の動物園の檻の中でしょんぼりしているコンドルが可哀そうになった。

この鳥は飛びあがってから、ある高さに達するまで羽ばたくが、あとは上昇気流に乗って静かに舞っているだけである。

頭の鶏冠［とさか］と喉から胸へかけての肉垂が特徴的だが、これは雄だけにみられるものである。自然の掃除屋で、屍肉を食す習性があり、子どもやヒツジがさらわれたとか噂があっても、本

コンドル　©Greg Hume

当ではあるまい。ワシのような鋭い掴む爪［鋭いかぎ爪］がないからである。

コンドルを見るにはペルーの第二の都市アレキパの奥二〇〇キロのコルカ谷が有名であると『新どうぶつ記』（『朝日新聞』）には書いてある。付近は六〇〇〇メートルを超える二つの火山があり、谷は最深三四〇〇メートルもあるというのであるから、［訪れるのは］容易なことでない。（手記より）

コンドルと聞いて、日本人が一番に思い出すのが『コンドルは飛んでいく（El Cóndor Pasa）』という曲であろう。ペルーの音楽家ダニエル・ロブレス（Daniel Alomia Robles）によって作詞作曲された曲で、一九七〇年にアメリカのフォークロックデュオ「サイモン＆ガーファンクル」によってカバーされたことで、日本やそのほかの国々に広く知られるようになった。

首周りに白い環があり、頭部には毛が生えていないが、これは屍肉《しにく》を食す習性とかかわり、屍体に顔を入れても細菌やウイルスが付かず、衛生・健康上都合のよいつくりになっている。体重は平均して一二キロ、最大一五キロと大型だが、気流に乗れば滑空し、羽ばたくことなく五時間も飛行したという記録がある。

現在、準絶滅危惧種に指定されているコンドルは、「自由の象徴」あるいは「偉大さ」や「力」のシンボルとして、チリをはじめとしてボリビア、エクアドル、コロンビアの国章に描かれている。ちなみに、ガテマラの国旗にはケツァールが、ペルーの国章にはピクーニャがそれぞれ描かれていることを追記しておこう。

マコウ

これは確かにマコウ（Macaw）とは言えないが、ペルーのアンデスの山脈地帯を馬で移動していたときに、突然前方の木立から、この鳥と思しき、鮮やかな緑色のインコの大群がギャーギャーとけたたましく叫びながら飛び去るのを見た。残念ながら写真は撮り損なったが、書物で調べてみると、羽の色はさまざまで深紅、黄、青または緑とあるからおそらくマコウであろう。

メキシコからパラグアイにかけて棲み、青や黄色のマコウは綺麗であるし、よくしゃべるので家庭のペットとしてよく飼われている。体長は三〇センチ位。

メキシコやガテマラではグアカマヨ（Guacamayo）と呼ばれており、西メキシコでは五月にはよく地上で見かけることがある。それはその頃になると、大好物のアラ（ara）の

マコウ

木の実が落ちるからである。このボタンの形をした実の堅い殻を鋭い嘴で壊して食べる。また、ココナッツの実も好きで、大きな実を咥えて随分遠くまで運ぶことがあるという。

日本の動物図鑑を見ると、和名をコンゴウインコ、学名をAra macao（Linne）といい、メキシコから南米北部に棲むとある。属名のAraは"ara"の実と関係があると思う。

コンゴウインコは中央アメリカおよび南アメリカに生息し、南アメリカではペルーのアンデス山脈西側やボリビア、パラグアイにおいて五〇羽以上の群れをつくって生息している。全長は、五〇センチから大きい場合は一メートルを超えるが、先細りの尾がその半分以上を占めている。美しい羽が魅力的だが、鳴き声がいささかやかましい。人間の言葉を使う能力があり、飼い主によく懐《なつ》くので、コンパニオンバードとして人気がある。

とはいえ、大声で鳴き、飼育に手間がかかるので、動物園で飼育されることが多い。種類によって飼育している動物園数が異なるが、美しいスミレ色ほぼ一色のスミレコンゴウインコは広島市の「安佐動物公園」や「千葉市動物公園」、「多摩動物公園」、「羽村市動物公園」、「横浜市立野毛山動物公園」、「キャンベルタウン野鳥の森」の六園で飼育されており、ルリコンゴウインコの場合は四八動物園で見学することができる。

第4章　鉱山地質技師の昭和史

父の手記に基づいて、南米における生活風景や心情を記してきたわけだが、鉱山地質技師としての姿よりも、地質学者とか博物学者を思わせるような記述のほうが多いことに今さらながら気づいた。後者の基層を照らし出す光源を求めて、時間を大きく巻き戻し、生い立ち、鉱山地質技師になるまでを素描していきたい。昭和史の片隅で翻弄された一人の鉱山地質技師の生きようを、ありのまま記していくことにする。

運命を方向づけた恩人とめぐりあう

一九〇六年九月六日、名古屋市で父は生まれた。「関武夫」というのが父の名前だが、旧姓は荒木武夫である。九人兄弟姉妹の末っ子であった。ちなみに、母は一九〇五年八月四日に千葉県松戸市で生を受けている。一歳年上の姉さん女房で、名前を「もじ」と言う。

名古屋の商家に生まれた父だが、その父親、つまり私の祖父の家業は質屋であった。たいそう繁盛していたとのことで、芝居好きであった祖父の生活ぶりは、役者や花柳界の人を自宅に招いて宴を催すなど、それはそれは派手なものであった。

父の姉たちは、呉服屋を自宅に呼んでは、畳の上に転がされた反物《たんもの》から好みのものを選んでは着物をつくらせていた。言うまでもなく、このような贅沢で華美な生活は長く続くわけがなく、家業は傾き、やがて破産して一家は離散した。末っ子として生まれた父は、財産の恩恵に一切与ることなく、自立の道を進まざるを得なくなった。

三越百貨店に就職した父は山岳部に入り、スキーを覚えた。当時のことだから、なかなかハイカラであったと言える。現在でも、スキー板が残っている。えらく長い木製のスキーの裏にシールを貼って山スキーを楽しんだようだ。そういえば、晩年はスキーのジャンプ競技をテレビで観戦するのが好きであった。昔とったきねづか、時にはテレマーク姿勢の取り方を身ぶりよろしく示してくれた。

働いてお金を貯めた父は、東京高等師範学校（旧東京教育大学で、現在の筑波大学の前身）に進学している。わが家には、同窓会となる「茗渓会」の雑誌が大事に保存されている。

高等師範において藤本治義（一八九七〜一九八二）から教えを受けたことが、父の運命を決定づけた。藤本は、東北帝国大学（現・東北大学）理学部で矢部長克《ひさかつ》博士(1)に師事し、同学部地質学古生物学科を卒業している。藤本は日本における地学教育の基盤を築いた人物であり、高等師範で教鞭を執ったのちに東京教育大学の地質学教授となっている。

藤本の教えを受けた父は地質学への関心を深め、当時世界的にも知られていた地質学の権威である東北帝大の矢部長克教授のところで学ぼうと決意した。おそらく、藤本が自分の弟子を恩師のもとに送りたかったのだろう。

高等師範を卒業した父は、教職経験を積んだあとに東北帝国大学に進学したわけだが、その間、藤本は父のパートナー選びに奔走した。学業に専心できる環境を整えてあげたかったのだろう。それほどまでに、父の学究心を買っていたようだ。そして、藤本のおかげで知り合った二人は結婚した。

父は藤本を尊敬し、感謝の気持ちを忘れることはなかった。社会人になってからも、藤本の研究に役立つ資料を海外出張の折に集めて送っている。藤本の論文は「戦前のフズリナ研究(2)の興隆期をつくったもののひとつであった」とされており、藤本のもとに残された薄片（フズリナ）は

(1)（一八七八〜一九六九）地質学・古生物学の分野での高い学術貢献が認められ、第一一回文化勲章を受章。

非常に多い。日本各地のものはもとより、海外のものもあったそうだが、そのなかの一つについて次のような記述がある。
「中国のものでは南京山地のものがかなりあるが、これは関武夫氏（現ダイヤコンサルタント〔三菱鉱業を退職後顧問になった企業〕）が採集して先生に差し上げたものである」（猪郷久義「藤本治義先生を悼む」、『化石』〔日本古生物学会機関誌〕一九八三年三三号、四六ページ）

山梨県での教員生活

前述したように、父は高等師範を卒業後に教員生活を送っている。赴任先は山梨県大月市の中等教育機関（現・山梨県立都留高校）であり、博物の教員として働きはじめた。大月市は博物学の観点からすれば興味のそそられる絶好の地である。卒業生の記念誌において父は、当時の教員としての気概を次のように綴っている。(3)

桂川の河原にゆき、岩石、地層、段丘などの話などをしてから、クリノメーターで地層の走向を、傾斜を図る実習をおこなった。

実物の観察を旨とする「直観教授《ちょっかんきょうじゅ》」の具体的な方策を本気で考えるようになったのか、活動的なプログラムの実践（フィールドワーク）は生徒に受け入れられるとともに、どうやら生徒たちから慕われる教員であったようだ。その証拠に、一九三〇年から一九三三年という短い教員歴にもかかわらず、卒業生のクラス会が開催されるたびに招待されていた。

後年のことだが、教員生活から四〇年以上が経ったある日、教え子のパートナーから「夫が先生［父］の体験学習がとても楽しかったと言っていた」と聞かされた父は、たいそううれしそうな表情をしていた。また、授業の話し振りもうまかったようで、それについては「趣味の落語で間の取り方を身につけたからではないか」と父自身が言っていた。さらに、野球部にもかかわっていたようで、自らトス・バッティングに挑戦したときのことを、「あれは、なかなかどうして難しかった」と楽しげに話してくれたことがある。

実際、休みには大月から東京に出て、歌舞伎や落語を楽しんでいた。クラシック音楽も好きで、ＬＰレコードの収集もなかなかのものであった。

（2）単細胞の原生動物で有孔虫の一種で、その形から「紡錘虫」とも言われる。古生代の石炭紀から二畳期《にじょうき》までの約一億年の間に栄え、絶滅した。フズリナの殻は石灰質で、その死骸が集まって堆積したものがフズリナ石灰岩。

（3）動物学・植物学・鉱物学の基礎を学び、今で言うところの「生物」や「地学」を学習する教科。

学生結婚――仙台で新婚生活がはじまる

教員生活を楽しんでいたような気がするが、やはり研究意欲は抑えがたく、先に述べたように東北帝国大学に進学し、仙台での新婚生活をスタートさせた。当時では珍しい、学生結婚であったわけだ。

学生時代の写真を見ると、父の背広姿も、学生服姿も、なかなかさまになっていて格好いい。また、メガネをかけているので利発そうに見える。父親に対して言うのはいささか憚れるが、ハンサムで隙がない感じがする。もう少し正直に言えば、ちょっと近寄りがたい感じで、私ならば「おつきあい」は願い下げだ（天国のパパ、ごめんなさい）。

とはいえ、母と仙台で生まれた姉二人とともに撮った写真を見ると、父は穏やかで、やさしい相好をしており、幸せそうである。

夏休みなどの長期休暇になると、飼犬ともども家族そろって母の生家である松戸市幸谷に戻ってきた。常磐線の馬橋駅（現在は千代田線の馬橋駅）で下車すると、帰路を覚えたペットの犬がいち早く生家に到着し、家族を迎えたそうだ。当時は、車が少なかったということだろう。徒歩で三〇分の行程を、事故に遭うことなく犬が来られたわけだから。

清水の舞台から飛び下りる

母にとっての仙台暮らしは、よく言われる、「清水の舞台から飛び下りる」ようなものであったと思われる。結婚までの生き方からすれば、どのように考えてもありえない決断であった。母について、少し注釈を加えたい。

母もじは、名主《なぬし》を務めてきた関家の六代目であった。彼女の父、つまり私の祖父は日露戦争（一九〇四年～一九〇五年）に出征し、病気になって帰国した。乳飲み子であった母には病床で初めて会えたものの、その後まもなくしてこの世を去っている。享年三〇歳であった。

彼女の母、私の祖母は女一人で娘を育て、地主の五代目として関家を護った。その祖母も四九歳という若さで早世し、母は天涯孤独の身となるとともに関家の六代目当主の座に就いた。男社会の日本で、しかも村落共同体という社会環境のもとで若い女が一人で地主を続ける。計り知れないほどの重圧と困苦を背負うことになった。

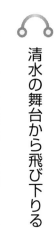

自分の代（六代目）で関家を潰せばご先祖さまに申し訳ない――時代がかった責任感だが、孤軍奮闘する彼女を支えたのは、おそらく元名主の矜持《きょうじ》であったのだろう。(4)

そんな母が、結婚を機に生家を離れるなんて考えられない。ところが、彼女は勇敢にも、父と一緒に仙台で暮らすことを決断した。全財産の管理は、親戚と親しい友人に託された。

母にとっての仙台暮らしは、生涯で一番幸せなときであったように思われる。当主としての重荷を、一時的ではあったとしても下ろし、言ってみれば「普通の新婚生活」が送れたわけであるから。

母が話す仙台の思い出は、どれも家族の笑顔を感じてしまうものであった。老舗百貨店である「藤崎」に買い物に出掛けたとか、仙台のお魚は新鮮でおいしかったとか、「白松《しろまつ》がモナカ」のことをよく話していたことを覚えている。夫を支え、子育てに勤しむ仙台暮らしは、夫婦水入らず、家族との時間を楽しんだという貴重な日々であった。

しかし、三菱鉱業に就職してからの父は、国内外への出張が頻繁となり、家を空けることが多かった。戦前は樺太や満州の調査、戦中はパレンバン（インドネシア南スマトラ州の州都）の調査、その極みが、第1章で述べた南米への長期および断続的な出張であった。だから、母が家族を一人で護るという時間はひどく長かった。

そのせいだろうか、父からのプレゼントを母は大事にしていた。父から贈られたアンモナイトの帯留めは、勝負服ならぬ「勝負帯留め」であった。しかし、私は思う。アンモナイトをプレゼントする人も少なければ、それをもらって喜ぶ人も決して多くないだろう。

戦争に向かって歩み出す日本

仙台での父の話に戻ろう。研究も順調で、若くして伊吹山（滋賀県・岐阜県、一三七七メートル）の地質研究で高い成果を上げ、博士論文のための資料も収集しはじめた。まさに順風満帆に見えた父の研究者への道であったが、昭和史の激流期にすっぽりとはまってしまう。戦争へとつながる軍部の動きが加速化し、庶民の穏やかな生活の外堀が崩されていった。

両親が仙台で生活をはじめ、長女の美智子が生まれたのが一九三六（昭和一一）年である。「2・26事件」が勃発した年の三月であった。この事件が残したものについて半藤一利（一九三〇～二〇二一）は、松本清張が著した『二・二六事件』の結論の言葉が一番適

（4）関家は長く名主であった。それについては、渡辺尚志『殿様が三人いた村』（崙書房出版、二〇一七年）に詳しい。

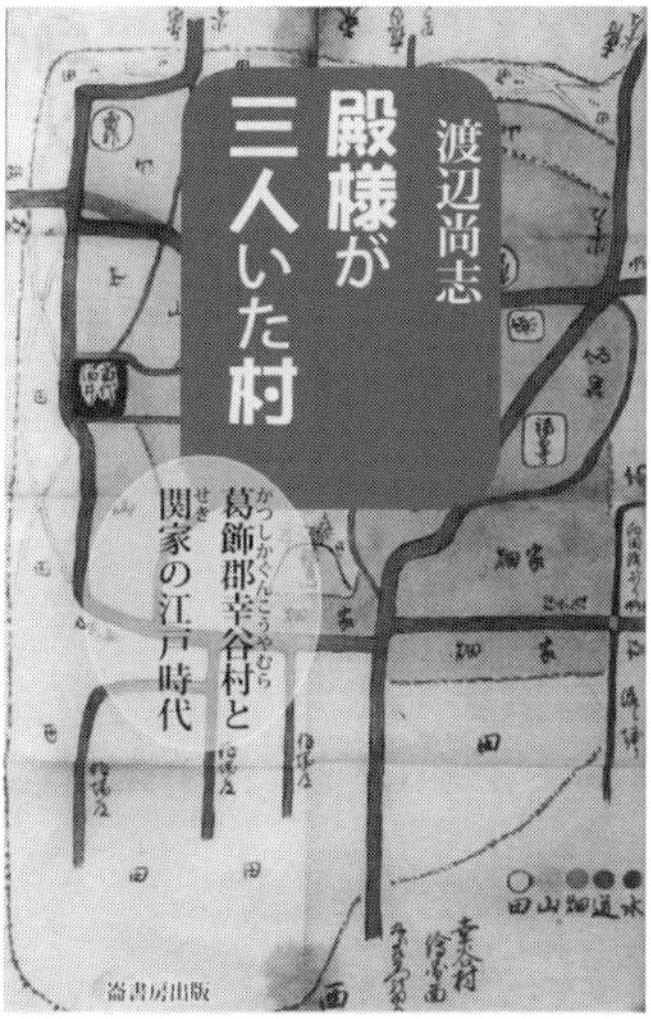

『殿様が三人いた村』

しているとし、引用している。

松本の文章によれば、この事件以後について次のように書かれている。

――軍部が絶えず2・26の再発（テロのこと）をちらちらさせて政・財・言論界を脅迫《きょうはく》した。かくて軍需《ぐんじゅ》産業を中心とする重工業財閥《ざいばつ》を（軍が）抱きかかえ、国民をひきずり戦争体制へ大《おお》股《また》に歩き出すのである。（参考文献46、一七二ページ）

しかし、この動きを一般国民が認知していたわけではない。松本は続けている。

「この変化は、太平洋戦争が現実に突如《とつじょ》として勃発するまで、国民の眼《め》にはわからない上層部において、静かに、確実に進行していった」（参考文献46、一七三ページ）

それでも、一九三六（昭和一一）年末から一九三七年に入るころ、世の中の状況は何とはなしに戦争を予感させるものになっていたようで、野上弥生子（一八八五～一九八五）は、一九三七（昭和一二）年の年頭、「どうか戦争だけはございませんように」と新聞に書いている。このような「なんとなく戦争を予感させる世の状況であった」ことを半藤は、作家（小島政二郎など）や評論家（青野季吉）、詩人（野口雨情）、画家（中川紀元）、女性運動家（神近市子）などの声から聞き取っている（参考文献46、一八四～一八五ページ）。

そして、一九三七（昭和一二）年に盧溝橋《ろこうきょう》事件が起こり、日中戦争がはじまった。

わが家についていえば、一九三八（昭和一三）年一月に仙台で次女の睦美が生まれている。家族が増えたので広めの借家に引っ越したのだが、お隣さんの挙動不審（？）に母が驚いた。お隣は、有名な哲学者阿部次郎（一八八三～一九五九・仙台市名誉市民）宅で、夜空を見て思索にふける阿部の姿を目にし、「変わった人だ」と母は思ったという。まだ、庶民には緊迫感が迫っていない時期であった。

しかし、同年三月、その後の社会を方向づける法案が出され、「国家総動員法」が成立した。その翌年から日本全体が皇国色を強めていった。贅沢が禁止され、お中元やお歳暮が廃止され、夜の町を彩るネオンも全廃となるほか、パーマネントも禁止された。身近な楽しみが次々と消え、政府から圧迫され、縮こまったような不自由さが社会に立ちこめはじめたわけである。

文学者などが戦争への不安を綴り、庶民もただならぬ雰囲気を感じていたとしても、実際には現実に適応して生きるだけで精いっぱいだったから、「国家が戦争へ戦争へと坂道を転《ころ》げ落ちているなんて、ほとんどの人は思っていなかった」（参考文献46、二六八ページ）のである。

しかし、陸軍主導で戦時色が刻々と強まり、対英米戦争への備えがはじまると、人びとは耐乏生活へと引きずりこまれていった。それもそのはず、日本の軍事費は、一九三九年、一九四〇年、一九四一年と続けて国家予算の半分以上を占めるに至り、国民は耐乏《たいぼう》を強いられた。

研究者としての明るい未来が見えてきたときの辛い決断

不穏な空気が広がり、生活維持への不安がますます募りはじめると、父は仙台で好きな学究生活を続けることができなくなった。妻が松戸の関家の六代目を継いだ以上、ただならぬ社会情勢下において松戸を離れているわけにはいかない。生活が苦しくなるなか、家族の暮らしを少しでも安定させなくてはならない。父には、護らなくてはならない家族があった。断腸の思いで父は研究を中断し、一家で松戸に戻って三菱鉱業に就職した。

研究は続けたい……でも、家族と関家を護らねば……葛藤はとても大きく、心は乱れたことであろう。しかし、母からの経済的支援で大好きな研究に心おきなく取り組めたわけだから、今度は自分が家族を護らなくては……そうして、研究の中断を決意した。

このときが、研究者になる希望が「夢」に代わった瞬間である。夢はついえるものである。苦渋の決断であったであろう。なぜなら、研究成果が上がり、高く評価され、若くして研究者としての未来が開かれつつあったからだ。そのときの父の悩みと決断の重さが、ＤＮＡを通してひしひしと伝わってくる。研究者として陽が差しはじめた未来を捨てるというのは、あまりにももったいない。私なら、父のような決断をしなかっただろう。

矢部博士のもとで短期間に上げた研究成果は、今でも学術貢献として記録に残っている。父の研究は、伊吹山の地層をめぐるものであった。理系でない私には簡明な説明すらできないが、分からないなりに、インターネット上にある論文を引用して紹介していこう。

前述したように、伊吹山は岐阜県と滋賀県の境に位置しており、豪雪地帯でもある。冬には、その雪がかつては新幹線を止めてしまったことで知られている。大阪に向かう東海道新幹線に乗れば、米原駅の手前で右手に見えてくる山が伊吹山である。父の思い出と被るので、私は新幹線を利用した際にはいつも眺めてきた。

伊吹山付近では石灰岩が極めて優勢とされるが、通商産業技官であった磯見博は、「五萬分の一地質図幅説明書　近江長浜」（地質調査所、一九五六年）において、「本石灰岩層が含有する紡錘虫化石は関武夫・藤本治義〔東京高等師範学校時代の恩師〕其の他によって、すでに研究されているので、筆者は化石を採集しなかった」と記している。そして、続けて「関武夫は次のような化石の産出を報告している」（前掲書、四六ページ）と述べ、伊吹山上部と同下部で産出された約二〇の化石名が列挙されている。

伊吹山（1377m）

その際の引用文献として挙げられているのが、関武夫「伊吹山及びその附近の紡錘虫石灰岩の化石に就て（予報）」（『地質学雑誌』Vol.45、No.53、一九三八年）、関武夫「伊吹山附近秩父系の層序及び構造に就て」（『矢部教授還暦記念論文集』一九三九年）である。

また磯見は、当該地域の地質構造について分析し、層別に解説しているが、そのうちの一つ「醒ヶ井層」について、「本層は図幅地域南部の清滝地塊北部や、鳥羽上地塊に分布し、輝緑凝灰岩を主とし石灰岩レンズを含む。本層は関武夫の命名によるもので、その模式地は図幅地域外南方の醒ヶ井附近（鳥羽上地塊の南端部）とされている」と書いている（前掲書、三五ページ）。

さらに、日本地学の展開を追った論文では、一九二四（大正一三）年から一九四五（昭和二〇）年までの代表的な学術成果の一つとして父の研究が取り上げられている。

関武夫（一九三九）は伊吹山周辺の古生層の調査から、伊吹山の山頂部に分布する石灰岩層が粘板岩、砂岩などからなる地層に衝上している関係を指摘し、これを伊吹山衝上と呼んだ。これらの衝上運動にはなお反論や検討すべき課題もあるが、衝上運動が秋吉台や備中大賀の衝上とともに地殻変動論の一つの目安となった。（参考文献41、三九四ページ）

父は先駆的、課題提起的研究に燃えていたようだから、学究生活を続ければいっそうワクワク

するような研究ができたことであろう。

伊吹山にかかわる研究や開発事業の基盤資料でも父の業績は活用されているようで、「国鉄新幹線関ヶ原ずい道の地質」（伊崎晃著、『応用地質』4巻4号、日本応用地質学会、一九六三年）でも、前掲した『矢部教授還暦記念論文集』に収められている父の論文が引用文献に含まれているほか、山本博文が著した「根尾南部地域および伊吹山地域の美濃帯中・古生層」（『地質学雑誌』91巻5号、一九八五年、三五三〜三六九ページ）でも父の論文（一九三九年）が引用文献として挙げられている。

三菱鉱業に入社

研究はあくまでも中断であって、研究の再開を期して仙台を離れたわけである。だから、博士論文のために集めた資料（専門書と標本など）は松戸に持ち帰っている。母も父の気持ちにこたえ、書斎をこしらえた。

母の生まれ育った農家の母屋は、常に地域住民が出入りしていたほか、田植えや正月の餅つきなどといったイベントの際には多くの人々が集い、たいそうにぎやかであった。つまり、およそ研究環境としては望ましいところではなかった。

母は、蔵の一つを改造して書斎を造った（蔵は、一代ごとにほぼ一棟ずつ造られていて、一番新しい蔵の一部が改装された）。母屋の北西側に並ぶ蔵に書斎をこしらえたのである。畳敷きの六畳間と、ガラス戸つきの書架などの収納スペース（板敷）からなり、標本や資料、珍しいものでは南極の石が保管されていた。

南東面は大きなガラス戸で明るい造りにしたが、蔵には照明がなかったので照明設備を整えた。窓際には、大きな机と椅子が置かれていた。書架の上の壁には盗難除けや火災除けのお札が何枚も貼ってあって、昔の人びとの蔵を護る気持ちが今でもしのばれる。

姉の美智子に尋ねたところ、小学生のころ、書斎で机に向かっている父親にあこがれて、蔵の二階（屋根裏部屋）に経机《きょうづくえ》（仏壇の前に置く

わが家の庭に建つ蔵

卓）を持ち込んで、妹の睦美とともに勉強のまねごとをしたそうだ。二階の窓からは、赤いザクロの花と実が真正面に、しかも間近に見えるので、本よりも窓の外ばかりを眺めいたという。現在でも、そのときに見た真っ赤なザクロの美しさが心に焼き付いている、とも言っていた。

この書斎で、父がゆったりと仕事（研究や読書）に打ちこめた時間はあまり多くなかった。三菱鉱業に入社してからは、先にも述べたように満州や樺太にまで調査に出掛け、戦時中は東南アジア、スマトラ島のパレンバンに軍属として派遣されて石油探査に従事したほか、戦後になっても国内外の出張が続いたからである。

研究を中断したものの、いずれは再開して博士論文を完成する――それが父の願いであった。だから戦時中、戦地に赴いた父の留守を預かった母は、父の博士論文用の資料だけは何としても戦禍から護ろうと懸命であった。

とはいえ、研究・教育機関以外の職場で働きながら研究を続けるというのは途方もなく困難である。少なくとも、要領のいい振る舞いができなくては無理である。その点、父は生真面目で飛びきり要領が悪いときている。研究を中断、そして再開という願いはそもそも甘かった。

成果を上げていた研究者の研究中断と願いの雲散霧消、なんとももったいない話である。だが、学位論文に代わって、のちに南米で鉄鉱石の鉱脈を発見するという鉱山地質技師としてのロマンは実現している。

正月気分はないのに「枢軸羽子板」

戦時中の話に戻ろう。一九四〇（昭和一五）年九月に日独伊三国同盟条約が締結された。同年末に雑誌『文藝春秋』が行ったアンケート調査によれば、国民の三分の一が戦争は避けられないと考えはじめていた。翌年のお正月気分を綴った喜劇俳優の古川ロッパ（一九〇三～一九六一）の日記は、戦争へと突き進む国家に翻弄される庶民の心情をよく表している。

「お屠蘇《とそ》も雑煮《ぞうに》も味が悪く、年賀状というものも無し、年々歳々《ねんねんさいさい》正月の気分は薄らぐとはいえ、此《こ》の非常時の正月は、みじんも正月の気分が無い」（参考文献46、三二〇ページ）。

また、井上ひさし（一九三四～二〇一〇）の『ボローニャ紀行』（文春文庫、二〇一〇年）によれば、同年の正月にはヒトラーやムッソリーニの写真を貼った「枢軸羽子板」なるものが店に出ていたそうだ（参考文献7、一二四ページ）。

この本には、「ジャズのレコードは販売禁止でした。日本の流行歌とベートーベンの交響楽とイタリアの民謡が店の三大勢力、片田舎のレコード棚まで三国同盟になっていました」（参考文献7、一二四ページ）ともある。文化が、人びとの心を方向づける装置とされたわけだ。恐ろしいことだが、いつの間にか戦争へと気持ちが向かうように仕組まれていたのである。

そして、一九四一（昭和一六）年になると国家の統制が強まり、国民の生活は「がんじがらめ」という感がいっそう強まっていった。

石油を求めてパレンバンへ

戦争の気配が濃くなるに従い、資源の乏しい日本では鉱物資源の開発と獲得がますます急務となった。アメリカとの関係が険悪になると、ルーズベルト大統領（Franklin Delano Roosevelt, 1882～1945）は石油や屑鉄などの日本への輸出を政府の許可制にした。鉄や石油を確保する必要を痛感した日本は、東南アジアのスマトラ、ボルネオ、ジャワ島などの資源地帯への南進政策を急いだ。また、一九四〇年には屑鉄の輸出をアメリカが禁止していたので、続いて石油も輸出禁止になるのではないかという不安と焦りが膨らんだ。石油は、全面的にアメリカ頼りとなっていたからである。その石油の対日輸出が禁止されたのは、一九四一年八月であった。

資源地帯を抑えるために北部仏印（現在のベトナム）に日本軍が進駐した。日本海軍にとっては石油の有無が生命線であったため、石油欲しさに駆られた南への進出は切迫した戦略であった。

父は、軍属として石油を求めてパレンバンに向かうことになった。姉の美智子は、軍刀を腰に差して出征する父の後ろ姿を今でも忘れられないという。幼い脳裏に、父とはもう二度と会えないのではないかという恐ろしい不安がよぎり、母に「大丈夫だよね」と泣きながら訴えたそうだ。

パレンバンはインドネシア・スマトラ島南部に位置している。オランダ植民地時代には、インドネシアの八五パーセントの石油を生産していた「プラジュ油田」と「ロイヤル・ダッチ・シェル製油所」があった。資源のない日本が戦争するうえにおいて、石油供給基地を獲得するということがもっとも重要な課題であった。パレンバンは、この課題を解決するためにはもってこいの地域であった。

当時の新聞は、対米英二強硬路線を、笛や太鼓を鳴らすかのように勇ましく鼓舞激励していた。一九四一年の真珠湾攻撃の勝利に国民は湧き、「万歳」を叫んだのである。本田顕彰（一八九八～一九七八）、小林秀雄（一九〇二～一九八三）、亀井勝一郎（一九〇七～一九六六）などといった当代随一の知識人たちが、晴れ晴れしい気持ちで戦争を肯定した。続く連戦連勝に、日の丸の旗行列や提灯行列でにぎわった。だが、翌年のミッドウェー海戦で負けると、日本軍の落日がはじまった。

それでも、大本営報告が国民に勝利を信じさせ続けた。そして、ついに東京の下町が大空襲を受け、東京近郊にアメリカの戦闘機B29が低空で飛行するに及び、人びとは空襲警報に怯える日々を過ごすようになった。電球には遮蔽幕《しゃへいまく》を付けて明かりがもれないようにする、戦闘機の飛来を告げる空襲警報を聞けば、急いで防空壕に逃げこむ、という日々となった。

姉の美智子は、母と妹たち、それに疎開してきていた父の兄家族と一緒に防空壕に逃げこむと、「幼い妹のゆきちゃん（由喜子の通称）が怖いと泣くので、その声が外に漏れやしないかと気が気でなかった」そうだ。家から二〇メートルも離れていないケンポナシの木のてっぺんにぶつかりそうになりながら戦闘機が飛んだときには、幼いながらも姉は「やられる」と覚悟したそうだ。

薬もなく、医師の治療も受けられず、ゆきちゃんは終戦の二か月前に病気で亡くなった。戦争というむごい非常時を、あどけなくも懸命に生きた四年間であった。

終戦──夫婦ともども病と闘う

一九四五年八月一五日、ラジオがあったわが家に、近所の人たちが天皇の放送を聴くために集まり、戦争終結を知ることになる。約三一〇万人の死者を出した、無残で悲惨な戦争であった。命を落としたのは各戦地で亡くなった兵士だけではない。本土への空襲による死者も二九万九四八五人に上った。

戦時下で、病気や栄養失調で命を落とした人も多かった。凄惨な現実のきわみは、原爆の投下によって繰り広げられた地獄絵巻である。そして、ご存じのように、現在も原爆投下による死者が毎年増えているという悲劇が続いている。

こうしたことは二度とあってはならない。そうした事態に向かう兆しが生じないようにしなくてはならない。顧みれば、「2・26事件」以降、日本の社会体制が軍の思うように動き、方向性がつくり出されていった。人びとは、マスコミにも煽られ、つくられた「国民的熱狂」に流されていく。保阪正康は断じている。

「日本のジャーナリズムは戦前、国家の宣伝要員という道を歩いた」（参考文献51、一〇八ページ）。

戦争の結果は悲惨のきわみで、むごい歴史である。半藤が言い切っている。

「第一に国民的熱狂をつくってはいけない」（参考文献46、五〇三ページ）

父が戦地から引き揚げてきたのは遅かった。将校身分の軍属であったため、所属部隊の責任者に代わって後始末をすべて引き受けていたからである。私からすれば、人の好さが災いして、損な役回りを引き受けたものだと思っている。だが、このことに関して父が不平を語ったことは一度もない。

日本では、なかなか帰らない父を案じながら、疎開してきた父の兄家族、しかも二家族（長兄は画家で横山大観に師事。すぐ上の兄は表具師）の面倒を母がみ、義理の姉たちに絶えず気を遣いながら子どもたちを育てていた。しかも、父の帰りをただ待っていたわけではなかった。

終戦後、母の頭上には、今までに経験したことのない巨大な危機が襲いかかっていた。農地改革である。父が戦地から戻らないので、母が一人でこれに対応した。財産は縮小せざるをえなくとも、六代目として関家を潰すわけにはいかない。母は一人で農地改革にかかわる土地の処理を行い、寝る間も惜しんで働き、想像もできない辛苦《しんく》辛労《しんろう》の日々を過ごした。

早朝から遅くまで身を粉にして働く母の姿は、姉の美智子の脳裏にはっきりと焼きついていて、女一人の命がけの闘いの日々について話してくれることがある。

過労がたたり、母は結核を発症してしまう。当時「不治の病」と言われた結核だから、わが家も（戦後生まれの私も？）万事休すだったが、友人が優秀な医師を紹介してくれ、開発されたばかりの特効薬が投与されたことで母の命は救われた。

そして、最終的には、九死に一生を得た母の獅子奮迅の働きによって、地域の風景としての里山「関さんの森」が残ったのである（次ページの写真参照）。

心配しきりの母と姉たちのもとに、ようやく父が帰ってきた。父とは思えないほど痩せ細り、そのうえマラリアを患っていた（スマートな父であったから激ヤセであっただろう）。それでも父は、家族の飢えを少しでも凌《しの》ごうと、支給された乾パンを子どもたちのために持ち帰っている。

これからというもの母は、父の看病に明け暮れることになった。別人のように痩せ細っていても、運よく帰国してくれたおかげで、今、私がいるわけだ。

戦時の話に及んでも父は、帰国が最後になった恨み辛みなどにはいっさい触れず、危険な資源調査の場における命の危機についても語ることはなかった。話してくれたのは、思いがけない面白いトピックだけであった。

たとえば、スコールを予期して身体中に石鹸をつけて雨を待ったら、「一滴も降らなかった」といった失敗談で笑いを誘っていた。母には話したかもしれないが、少なくとも物心ついた私の前で戦争の話はしなかった。吹き出すものがありすぎるから、ひょっとしたら抑えこんでいたのかもしれない。私も、あえて聞こうとはしなかった。

雪景色となった「関さんの森」

奇妙で絶妙な組み合わせ

先にも触れたが、今でも仏壇には、ゆきちゃん（由喜子）を抱いた割烹着姿の母の写真が置かれている。ゆきちゃんをやさしく見つめる、柔和で満ち足りた表情の母、その傍らには、清らかであどけない男の子（弘武）。「パパのようになるよ」と言っていたその男の子にも、かわいい女の子にも、帰国しても会えなかった。父には大きなショックであったはずだ。辛さをかみ殺し、父は母とともに生活の再建に取り組みはじめた。

両親は、奇妙な、それでいて絶妙の組み合わせであったからこそ、いくつもの難局を乗り越えられたのだろう。父は商家の出であるので、商人文化の粋を身につけ、遊び心が豊かで、身なりや挙措《きょそ》にダンディズムが漂っていた。一方、母は、質実剛健を旨としていた。

関家の初代は「斧右衛門」と言い、豊臣氏の流れをくんだ浪人の子孫であったと言い伝えられている。こんな関家は、「斧右衛門が一七七〇～一七八〇年代に、当時曲淵知行所の名主を務めていた本家から分家し、新たに屋敷を構えて成立した家」である。(5) 質素、倹約、学問、礼儀とい

（5）　渡辺尚志『近世の村と百姓』勉誠出版、二〇二一年、二〇五ページ。

った武士的な生活文化を母が大事にしたのは、このような関家の由来によるものであろう。
写真を見れば、掛け値なしにかわいい姉の由喜子と、子どもながらにハンサムな兄の弘武が亡くなり、戦後、二人に代わったかのように生を受けたのが私である。幼いころの写真を見れば、不細工で、亡くなった姉や兄とは大きく違って、甚だしく見劣る。それでも、両親の抱えきれないほど大きな喪失感を慰めるのに、少しは役立ったかもしれない。

母は、七〇歳のときに大きな腫瘍が腸にできて手術をした。父は、勤め先（丸ノ内にあったダイヤコンサルタント）から虎ノ門の慈恵医大病院に毎日通い、病室の母を見舞った。父の年齢と体調を考え、看護師たちは父の健康を気遣うほどであった。母は無事に退院したが、五年後に他界している。そのときの父の落ちこみようといったらなかった。声を押し殺して、何日も夜中に泣いていた。

『写真で見る　自然と歴史をたどる散歩道　新松戸・小金周辺』

母の死、その悲しみはなかなか癒えなかったが、母の遺志を受け継ぐことで乗り越えようと気を取り直した。母は所有している里山・森林（地域の風景）をそのまま残すことに懸命であったが、それは父も同じであったため、里山保全に全力を傾注した。好きな学問に打ちこみ、海外の仕事にも全力投球できたのは母のおかげであることを誰よりも深く承知していたからか、亡き母とともに「緑の保全と保護」のために闘っているようであった。

闘うと言っても、しかつめらしく取り組んだわけではない。この地域（新松戸・北小金周辺）の歴史を調べ、史跡、神社仏閣など歩いて回り、自らカメラに収めていった。

「何年も前から、できるだけ車の騒音や排気ガスに煩わされず、静かに自然を楽しみながら、郷土の歴史をたどる散歩道はないか、あればそれを記録に残しておきたいものだと心掛けて歩き」回ってできあがった本が、『写真で見る　自然と歴史をたどる散歩道　新松戸・小金周辺』（一九九〇年、私家版）である。

思いもかけず、何紙もの新聞が取り上げたこともあってこの本は話題を呼んだ。たとえば、『朝日新聞』（一九九〇年四月一〇日付）では、「開発の波へ〝警鐘〟足で集めた写真・話」と見出しを掲げ、内容紹介とともにインタビュー記事を載せている。

『写真で見る　自然と歴史をたどる散歩道』（1990年）

関さんは「植生を無視した開発は生態系の破壊につながる。都市化の波にもまれながらも残っている小さな自然を大事にしてほしい」と話している。

松戸市内にある多くの本屋さんに自ら持ちこんだこの本は、またたくまに売れ切れた。それを手に散歩する、という人を見かけたこともあった。新聞には自宅の電話番号が連絡先として記載されていたので、しばらくの間、わが家の電話が鳴りやむことがなかった。

この本づくりは、開発ブームが席巻するなかにおける「手づくりの抵抗運動」であった。自ら調べ、写真を撮り、関係者にインタビューし、友人の識者・専門家のアドバイスを受け、生き生きと取り組んだ調査活動の成果である。

計画変更によって残った緑地

父が護ろうとした里山は、不幸なことに、都市計画道路によって破壊されるという運命にあった。そこで、父は自然を護るために市民運動（「育森会」）を立ちあげた。自身の専門性を存分に生かし、土質・土木の専門家である友人たちの協力も得て、道路をトンネル（ナトム工法）で開通させるという計画案（代案）をつくって松戸市に陳情した。その陳情、市議会を一度通過したものの、うやむやにされてしまった[6]。

現在、この里山は健在である。「関さんの森」という名称になって、姉の美智子と「関さんの森を育む会」および「関さんの森エコミュージアム」によって保全されており、保育園の園児から大人までの環境学習の場として、市民の憩いの場として、緑と歴史（文化）をコアにした地域づくりの現場として息づいている[7]。姉の美智子と上記の市民グループの活動のほか、内外の専門家からの支援もあって、都市計画道路の路線変更がされたからである。

(6)　拙著『関さんの森の奇跡』（新評論、二〇二〇年）は、この道路問題に関する顛末の記録である。

(7)　中村良夫『風土自治』（藤原書店、二〇二一年）には活動の意義が分析されている。

「関さんの森」
市民が育む里山が地球を救う
の奇跡
関啓子
行政主導の道路開発に
「待った」をかけた市民の記録
「まちづくり」の意味を問い直すノンフィクション
カラーで見る里山の風景

『関さんの森の奇跡』の表紙

父との微妙な距離感

ところで、父と私との関係はといえば、ひと言では表せない。何かぎくしゃくした疎遠さが漂い、言い過ぎかもしれないが、「素直に」なれないという何かがあった。父が希望していた生き方（私立の付属中学に入学したのだから、そのまま私立大に進学し、大卒後に結婚して、子どもを育てる——口にこそ出さなかったが、父はこのように願っていたようだ）を私は選択しなかったし、たびたび意見の対立があった。その原因は言うまでもないだろう。国内外への出張のために家を空けることが多かった父との共通体験が少なかったからである。

父と過ごした時間が少ないなかでの父親像といえば、爽やかで格好はいいが、いささか近寄りがたい、というものであった。勤務先から帰宅すると父は着物に着替えて兵児帯《へこおび》をキリっと締めていたが、その姿とともに、「シュシュッ」という衣擦れの音が心地いい響きとして記憶に残っている。

小学校に入学する前に出張が続く父との間に微妙な距離感が生まれ、消えることがなかった。父が海外で暮らす時間が増えると、ますますその距離が大きくなった。この微妙な距離感は不協和音にもなった。父に対して、素っ気なくふるまってしまう。そればかりでなく、日常的に意見を異にした。父に逆らいたいわけではなかったが、なぜか考え方が違っていたのだ。

もちろん、イライラすることもあった。父は、理不尽な対応を他者から受けても怒らなかった。なぜか、人を恨むことがないのだ。こうした面も歯がゆかった。

微妙な距離感が縮まったのは、父が心筋梗塞を患い、外出時に私が付き添うようになってからである。これが理由でよく会話するようになった。父は東北大学の研究室仲間の五人（七夕会）と一緒に、年に一度旅行していたが、その旅行にも付き添いという形で参加したことがある。高齢者五人、昔話や現況報告など話材に事欠かない。学生時代に戻ったかのように、みんな打ち解けて楽しそうに話していた。今でも、その微笑ましい光景を思い出すと、気持ちが温まる。


私に学位が授与されたとき、私以上に喜んだのは父である。その様子を見て、父も研究を続けたかったのだと初めて実感し、心がうずいた。先に述べたように、時代が彼の人生の進路を曲げてしまったのだ。家族を優先し、父は夢を諦めた。そんな父は、私が学位をとったその年にこの世を去った。

父は心筋梗塞を三度患って、八九歳で亡くなった。高齢になっても趣味が豊富で（カメラ、読書、物書き、史跡めぐり、博物館見学、散歩、スポーツのテレビ観戦など）、明るく前向きで、何かに興味が湧くとすぐに調べるという人であった。テレビを見ていても、知らない地名を耳にすれば地図で調べはじめていた。

そうそう、南米にゆかりのイベント、たとえば「モアイ展」などがあれば、必ず出掛けていた。地図と国語辞典、そして理科年表は、常に身近に置かれている必需品であった。

心筋梗塞を患ってからの父はよく散歩をし、そのたびに食材を買って帰宅した。「新鮮な川魚があったよ」と、うれしいそうに姉の睦美に獲物（買物の成果）を渡し、「……にするとおいしいよ」と調理法を示唆することもあった。睦美は予定していたメニューを、ひと言も不平を言わずに差し替え、父の満足する料理を出し、家族で夕食を囲んだ。減塩食とは到底思えないような美味しい料理が、絶えず食卓を飾っていた。

ロシアへの調査旅行に行く著者を見送る父

昭和史のパーツの吟味

二度の意識変容を経て、戦前戦後を生き抜き、社会の再建に貢献した人びとは、一人ひとりが「小さな歴史のかけら」（村上春樹『猫を棄てる』文藝春秋、二〇二〇年、九八ページ）。私流に言えば「小さなパーツ」である。歴史状況が突きつける課題にそれぞれの人がぶつかり、立ち向かい、課題を引き受け（あるいはすり抜け）、時には夢を諦め、心の支えを再構築して社会のパーツになった。パーツの一つ一つに光があたってこそ（当て方はさまざまだが）、戦後が本当に終わりへと近づくのではないだろうか。私はそう思っている。

歴史は心に残る何かの痕跡の引き継ぎだ、と思う。名もなき（エスタブリッシュメントではないという意味の）一人ひとりのさまざまな引き継ぎ事がよられて編まれて、次の社会を受け継ぐ人の生き方に関する「選択肢の塊（集合）」が準備されるのではないだろうか。

里山の保全と保護に専心する姉の美智子は、父の思いを確実に引き継ぎ、時代に合わせて仲間とともに昇華させた。一方、私には距離感というわだかまりがあったにせよ、それでも父との間に引き継ぎが行われたように思う。

次幕では、父と私との「引き継ぎ」について語っていきたい。

第2幕

天国にいる父への手紙（超時空通信）

――娘の目から見た中南米

父の米寿を祝ってくださった方々への礼状に添えた写真

第1章 メキシコの壁画運動はなぜ起こったのか
――メキシコ・シティからの手紙

中南米の魅力　芸術による社会変革

父が愛した中南米に対して私が感ずる魅力といえば、アメリカからの強い影響下にありながらも自らの文化と歴史への誇りを失わず、あくまでも自立的であったことだ。西洋による植民地化を経験した中南米にあっては、上流階級の人びとには欧米社会とその文化へのあこがれが強い。とはいえ、社会の底流には独自の文化への誇りが脈々と流れている。こうした不協和音が拡大すればするほど社会は熱を帯び、カオス的な様相を呈するものだ。

こうした「魅力」を映し出しているのが、独立記念日のありようである。独立記念日のイベントは、その国の「自画像の確認」のような気がする。

父から聞いた中南米をめぐる、気になる表現や言葉を反芻しつつ吟味し、自分なりに受け継ぐ作業をはじめるために私はメキシコ・シティに向かった。二〇〇五年のことである。

父への手紙

今、メキシコ・シティにあるメキシコ国立自治大学にいます。パパが感動した大きな壁画の前です。メキシコ・シティにある巨大な壁画は圧巻だ。素晴らしい！　誰でも見ることができる。「メキシコに行くことがあれば見るように」とすすめてくれましたね。

三〇年以上経って、ようやくその壁画の前に立ち、息をのむような迫力に、言葉も出ません。

メキシコ国立自治大学中央図書館の壁画は、ファン・オゴルマン（Juan O'Gorman, 1905～1982）によるモザイク壁画で、建物の四面の壁いっぱいに、それぞれのテーマに基づいて創作されています。その壁画面積は三〇〇〇平方メートル（？）と巨大です。北面はアステカ文明、南面はスペイン植民地時代の圧政、東面は太陽と月、宇宙、科学、西面は大学の校章を中心に、学生の果たす役割が描かれています。

さらに、図書館の南側に位置する本館には、壁画の三巨匠の一人、あのシケイロス（David Alfaro Siqueiros, 1896～1974）の立体壁画があります（壁画の三巨匠とは、ディエゴ・リベラ、ホセ・クレメンテ・オロスコ、ダビ・アルファロ・シケイロス)。シケイロスによる壁画「民衆から大学へ、大学から民衆へ」は、人物の動きそのものがはげしく躍動的で、タイトルそのままに民衆の力強さが鮮やかに表現されていて、壁画の思想性と勢いに圧倒されます。

メキシコ国立自治大学（UNAM）は、校内が広く、そのためバスで移動するほどです。校庭は広くのびやかで、芝生の緑も豊かです。その芝生のうえで学生たちが寛いでいました。寝そべっておしゃべり、愛を語らい、抱き合う。明るく、屈託ない若者たちです。

学内には屋台もあり、簡単な飲食物を商っていました。地べたに、本や手づくりのアクセサリーを並べて売っている店もあります。いたって庶民的な雰囲気です。聞けば、この大学の学生たちの多くは、高い階層に属しているわけではないようです。とはいえ、本学はメキシコ歴

メキシコ国立自治大学の壁画（撮影：青木利夫）

代大統領を何人も輩出しています。

どうしてこのような民衆を鼓舞する壁画が制作されたのでしょうか？　壁画という表現様式は、世界的に見ても古くから存在する伝統的なものですが、多くの公共建造物に、しかも外側に制作されるとなると、あまり例を見ないのではないでしょうか。

屋外の壁画なので誰でも鑑賞できます。作品はあまねく開放的というわけです。壁画はまさしく公共的な文化財ですね。公共性を編み、育む表現様式です。この表現様式そのものが、メッセージ性を備えているように感じられます。しかも、それは描かれた壁画のメッセージと重なっている。これがメキシコの壁画運動なのですね。

私は、どうしてこうした壁画が制作されたのか、それはメキシコの歴史にとってどういう意味をもったのか、調べてみたくなりました。パパから伝えられた感動を、私なりのフィルターを通して吟味してみます。その結果を、レポートにして送ります。

メキシコ国立自治大学の壁画の正面（撮影：青木利夫）

メキシコ・レポート――壁画運動はなぜ起こったのか？

壁画運動の始原を探る

メキシコ・シティでいくつかの壁画を鑑賞し、感じたことは、それぞれが見るものに強烈に迫ってくる何かをもっているということである。壁画の展示場所についてひと言付け加えれば、メキシコ国立自治大学の壁画のように外部に保存されているだけではなく、美術館などの建物内に保存・展示されているものもある。

壁画のテーマからすれば、メキシコの歴史が多く、しかも描かれる歴史の主人公は、主に先住民やメスティソ（白人とアメリカ大陸先住民との混血者）である。この壁画の迫力の源を問うために、メキシコの歴史を民族構成に注意しながらひもとく必要がありそうだ。

現在、メキシコ・シティを歩いて実感されるのは、さまざまな肌の色の人々が暮らしていることである。肌の色でいえば、もちろん白人もいるが、色の濃淡がさまざまなのだ。

帽子をかぶった独特の先住民コスチュームの人はあまり都心では見かけないが、公共交通のなかで偶然見かけた先住民は目を上げず、静かに座っていた。その挙措《きょそ》（立ち居振る舞い）に、社会における先住民の立場が表現されているように感じられた。

メキシコは、混血の人が全人口に占める割合が高く、民族構成は、メキシコ外務省のデータ（二〇〇三年）に基づけば、メスティソ（混血）六〇パーセント、先住民三〇パーセント、白人九パーセント、その他一パーセント、となる（参考文献63、六一ページ参照）。そして、メスティソと先住民との間での混血が進み、肌の色もさまざまなメスティソ人口が増大していった。やがて人びとは、「混血的なものに積極的な価値を見出し」ていく（参考文献63、六五ページ）。

この民族構成の出発点は植民地化にある。そこで、植民地化以降の歴史を駆け足でたどることにする。

スペイン人によってアステカ帝国が没落したのは一五二一年。一五一九年にエルナン・コルテス（Hernán Cortés de Monroy y Pizarro, 1485～1547）がメキシコ湾岸に上陸し、現在のメキシコにあたる地域で覇権を握っていたアステカ帝国を征服した。兵糧攻めに遭いながらも最後まで戦った第一一代皇帝クアウテモック（Cuauhtémoc, 1495?～1525）を中心とする人びとの勇敢な戦いぶりには、スペイン人が敬意を表したほどである。しかし、これ以後、白人による植民地支配がはじまることになった。

植民地の建設のために先住民は労働力として駆り出され、労働と物資の調達は苛酷を極めた。経済発展の起爆剤になったのは鉱山開発、それも、とくに銀鉱床の発見であった（アステカ時代から金の産出で知られたタスコ付近に、銀の鉱床が一五三〇年代に発見されている）。

植民地化を経て、西洋文化が少しずつ浸透していく。もし、民族文化をアイデンティティの一つの要素とするならば、植民地時代前の文化の確認が必要だろう。だから壁画画家は、植民地時代前の人びとの生活と文化を掘り起こすことに懸命になっていた。

イダルゴの「グリート」

メキシコにとって決定的に重要な史実、それは独立の一一年前、一八一〇年九月一六日のイダルゴ司祭（Miguel Hidalgo, 1753~1811）による「グリート（雄叫び）」である。

グアナフアト州のドローレス村において、教区司祭イダルゴが農民相手に農村の教会で「グリート」を行った。「グァダルーペの聖母万歳！　悪しき政府よ滅べ！　ガチュピン（スペイン本国人）よ死ね！」――これがイダルゴ司祭の叫びであった（参考文献53、一八八ページ参照）。

イダルゴ司祭のもとに先住民の農民やメスティソが集まって、独立運動が動き出す。イダルゴ司祭がクリオージョ（メキシコ生まれのスペイン人）であったことが重要で、クリオージョの人口増大が独立へのベクトルをつくり出していく。

クリオージョは、自らの能力や知識で這いあがっていく人々であった。しかし、いくら有能でも、スペインから派遣されて来るペニンスラール（スペイン人）にはかなわない。クリオージョたちは次第に自治を求めるようになるが、ペニンスラールも自らの優位な立場を譲ろうとはしない。そこでクリオージョが仲間に抱きこもうとしたのがメスティソ（混血）と先住民であった。

イダルゴ司祭の「独立革命」は失敗し、一八一一年に処刑された。後を継いだ司祭モレーロス（José María Teclo Morelos y Pavón, 1765～1815）も、独立のうねりをつくり出せないまま一八一五年に処刑された。クリオージョたちの多くが、メスティソと先住民中心の独立運動への参加をためらったからである。

こうしたなか、細々と、しぶとくゲリラ戦を続けたリーダーがいた。ゲレーロ（Vicente Ramón Guerrero Saldaña, 1782～1831）である。皮肉なことに、ゲレーロ軍掃討部隊長のイトゥルビーデ（Agustín Cosme Damián de Iturbide y Arámburu, 1783～1824）がクリオージョたちの気持ちをまとめあげ、ゲレーロとも結んで一八二一年九月一五日にメキシコ・シティに入り、スペイン軍が撤退して独立が宣言された。

イトゥルビーデは、こうして「メキシコ帝国」を発足させ、一八二二年に自ら「アグスティン一世」として戴冠した（参考文献63、二二六～二二七ページ参照）。しかし、アグスティン一

処刑場所に描かれた壁画
©Lyricmac at English Wikipedia

世は一〇か月で失脚し、グアダルーペ・ビクトリア（Guadalupe Victoria、本名José Miguel Ramón Adaucto Fernández y Félix、1786～1843）がメキシコ共和国の初代大統領となったのが一八二四年である。

それでは、一八二一年の独立における英雄はいったい誰なのか。現在、独立記念日には学校で必ずと言っていいほど演じられる独立の物語がある。その主役たちこそ、メキシコ独立の英雄として認められている人物であろう。それは、イダルゴ司祭、モレーロス司祭、ゲレーロ、そして共和体制の基礎を築いたビクトリア元大統領の四人である。

ディアス独裁政権と近代化

独立を果たしたメキシコだが、その後の半世紀はひたすら混乱の時期であった。こうした状況のなかで一大転機が訪れる。ディアス将軍の登場だ。壁画運動は、このディアス独裁政権に対する文化運動であったから、ようやく壁画運動家の出番が近づいたことになる。

ポルフィリオ・ディアス（José de la Cruz Porfirio Díaz Mori, 1830～1915）は、オアハカ地方生まれのメスティソで、一八七六年に大統領選を機に武力で政権を手にした。メキシコ革命が起こる一九一〇年まで続く長期独裁政権のはじまりである。

ディアス政権の特徴は、極端な言い方をすれば、徹底的な近代化路線、外資導入、文化の西洋化にあったと言える。豊かな天然資源の開発のために外国資本を積極的に導入し、銀に頼らないよう、銅や石油の開発やコーヒーやゴムなどの商品産物の生産を奨励した。もちろん、学校も建設し、近代化のシンボルとなる西欧的な建築様式が都市の景観を変えていった。

経済発展の成果を手にした富裕層は、ヨーロッパ、とくにパリにあこがれ、ヨーロッパのモードで着飾るようになった。他方、先住民は「後進性」のシンボルと見なされることになった。西洋的文化にあこがれる都市住民層からはみ出た人びとは、近代化を労働で支えつつ、貧困にあえいでいた。彼らに近代化がもたらしたものは、先住民共同体の疲弊と労働強化であった。外資導入による収益第一主義は、労働者を、一日一四時間から一六時間も働かせたという。

ディアス政権は、近代化によって分配の不平等と文化の西洋化をつくり出した。この事態に、言うまでもなく農民や労働者の不満は鬱積《うっせき》していく。そして、独立一〇〇年祭の約二か月後、その不満が爆発した。世に言う「メキシコ革命」である。

三〇余年にもなるディアス独裁体制を終わらせるという運動が、メキシコ革命の出発点である。一九一一年にディアスは辞表を議会に提出して、フランスに向けて亡命した。

メキシコ革命と壁画運動

ひどく大雑把に歴史を遡り、ようやくメキシコ革命という壁画運動の起点にたどり着いた。「一般に一九一〇年から一九四〇年までの時代が革命時代と認識されている」（参考文献17、二〇ページ）のだが、最初の一〇年間が動乱期であり、一九二〇年以降が制度改革のプログラムが具体化されていく時代となる。

革命とは、極言すれば、西洋至上主義者であったディアスへの反発であった。西洋型工業社会をモデルに、メキシコの近代化を推し進めたディアスと彼を取り巻く上流階級は膨大な利益を手にしたわけだが、その一方で、この近代化の障壁と見なされたのが伝統的村落共同体や先住民文化であった。

いったい、メキシコ人とは誰なのか？　ディアスの近代化政策は、メキシコに生きる人びとに「メキシコ人の自己認識」を問いかけることになった。壁画運動は、「メキシコ人とは誰か」という問いに答えようとする動きでもあるのだ。だから、植民地時代前の文化に立ち戻り、メキシコの歴史をテーマにして描かれている。

壁画運動は、メキシコ独自の文化アイデンティティを確立・宣言するもので、先住民やその血が混ざったメスティソこそがメキシコの「真の主人公である」ことの宣言でもあったと言える。メスティソは、「国民国家を支えるべき人種として発明された民族（国民）モデル」と指摘されている（参考文献63、六五ページ）

一方、壁画運動を研究する加藤は次のように指摘している。

「壁画運動は、メキシコ革命の過程で明確に形成されてきた」、それは「新しいタイプの民族意識を高揚する文化活動であり、革命を国民全体の共有財産として歴史の中軸に刻みこむ作業であった」（参考文献17、二一一ページ）。

壁画運動を牽引したシケイロス——西洋主導の芸術に挑戦

絵画、芸術といえば、西洋文明礼賛で下層大衆は蚊帳の外、これが一般的であろう。ところが、メキシコの壁画運動はこうした常識をひっくり返した。描かれるのも、鑑賞するのも、その主体は社会下層の民衆であった。公共建築物の屋外に制作された壁画なら、誰でも、いつでも、無料で観ることができるというわけだ。仮に文字が読めなくとも、観て感じることは誰にでもできる。

一九二〇年代にはじまるこの革命的な文化運動を牽引した人物の一人が、メキシコ国立自治大学の本館の壁画「民衆から大学へ、大学から民衆へ」（完成は一九五六年）を制作したシケイロス（一三九ページ参照）である。次ページに掲載した写真のように、この壁画の面積は三〇四平方メートルと巨大である。

画期的な文化運動を立ちあげたシケイロスとは、どのような人物だったのだろうか。

シケイロスは、メキシコのチワワ州カマルゴで生まれた。美術学校の学生ストライキに、なんと一二歳で参加し、その後、革命軍に身を投じて将校にまでなっている（参考文献16、三〇八ページ）。

『ラテンアメリカ美術史』の著者で、美術学者の加藤薫（一九四九〜二〇一四）によれば、シケイロスは一九一九年にパリに向かい、そこで壁画の三巨匠のもう一人、ディエゴ・リベラ（Diego Rivera、1886〜1957）に会い、メキシコ絵画の革命とそのための壁画の有効性を説いたとされる（参考文献16、三〇九ページ）。

当時、リベラはすでにキュビスト(1)として活躍中であったが、イタリアでルネサンス壁画を研究したのち、一九二一年にメキシコに帰国した。それから遅れること一年、一九二二年にシケイロスもメキシコに戻る。この二人

メキシコ国立自治大学にあるシケイロスの壁画「民衆から大学へ、大学から民衆へ」（撮影：青木利夫）

を中心にオロスコ（José Clemente Orozco, 1883〜1949）などの画家が加わって美術作家組織がつくられ、人民のための絵画としての壁画制作を政府に要請した。

折よく、文部大臣は哲学者で教育学者のホセ・バスコンセロス（José Vasconcelos Calderón, 1882〜1959）であった。彼は政治的にも教育的にも意味があると、壁画の制作を許可したのである（参考文献16、三〇九〜三一〇ページ参照）。

シケイロスの壁画は、並外れた躍動性があり、描かれた人物が「わたしは人間だ！」と叫んでいるようだ。そして、この迫力には政治的メッセージ性が宿っている。それはタイトルにも表されている。たとえば、「すべてのメキシコ人に完全な社会保障を」（完成は一九五四年）である。シケイロスの作品からほとばしる勢いに共感したのだろうか、メキシコを訪問した岡本太郎[2]が「シケイロスの壁画に感動した」と伝えられている。

（1）キュビスム（仏：Cubisme; 英：Cubism）は、二〇世紀初頭にピカソとブラックによって創始され、多くの追随者を生んだ現代美術の動向である。それまで一つの視点に基づいて描かれていた具象絵画に対して、いろいろな角度から見たモノの形を一つの画面に収めた。

（2）「太陽の塔」の制作などでよく知られる岡本太郎（一九一一〜一九九六）は、シケイロスの影響を受けたとされている。

シケイロスは壁画の制作に取り組むとともに政治活動にも熱心で、一九二三年、リベラとともにメキシコ共産党の幹部に選出された。仔細にシケイロスの生涯を綴った加藤薫の『メキシコ壁画運動――リベラ、オロスコ、シケイロス』（現代図書、二〇〇三年）によれば、シケイロスは芸術家であるとともに、生涯「革命の人である」ことを貫いたとのことである。

壁画によってメキシコの歴史を掘り起こし、ディアス政権の暴政を告発する。だが、シケイロスにとって、これがゴールであったわけではない。彼は、芸術の西洋支配をオリジナルな価値によって越えようとしたのだ。

シケイロスは、過激な政治活動から一度ならず逮捕され、投獄されてもいるが、監獄内で彼は、その都度芸術活動をバージョンアップさせている。

そして、一九五五年にはポーランドとソビエトを訪問し、社会主義リアリズムを掲げた社会主義国家の美術が停滞していると批判し、政治家による美術活動の統制を厳しく糾弾した。それも、ソビエト芸術アカデミーが主催した歓迎会の席上であった。

加藤は、七七歳で亡くなったシケイロスの生涯を振り返り、「最後まで時代の動きを先取りする予言者であり、扇動者、前衛としての姿勢を崩そうとしない革命の人であった」と評している（参考文献17、二〇八ページ）。

ディエゴ・リベラ――キュビストから壁画画家へ

ディエゴ・リベラ（一五〇ページ参照）は、一八八六年、グアナファト市で生また。祖父はスペイン生まれだが、ディエゴにはメスティソの血が流れている。メキシコ・シティのアカデミア・デ・サン・カルロス国立美術学校を経て、マドリッドに留学した。

一九〇八～一九〇九年にフランスやオランダ、イギリスなどを旅行し、有名画家の作品を研究する。とくに、ピカソ（Pablo Ruiz Picasso, 1881～1973）とモディリアニ（Amedeo Clemente Modigliani, 1884～1920）と親しくなった。ちなみに、モディリアニはリベラの肖像画を描いている。

一度帰国したリベラだが、一九一一年に再びパリに向かい、ピカソやブラック（Georges Braque, 1882～1963）との親睦を深めてキュビズム（一五一ページ参照）の方法を学んだ。キュビストとしてのリベラの評価は高まり、世界的な画家としての地位を築きつつあった。

ところが、リベラはキュビズム表現の限界を徐々に感じはじめた。先に挙げた加藤薫は、「ルノアールの官能性や、均衡のとれたセザンヌの構図、ゴーギャンの輝くばかりの原色と総合主義へのアプローチ」といった指標のなかには「収まりきらないメキシコの血が騒ぐのだった」と解説している（参考文献17、一三六ページ）。

そうしたなか、リベラに壁画というアイデアを浮かびあがらせるきっかけとなった対話があった。それはピカソとのものである（参考文献17、一三八ページ参照）。ピカソは、イタリア・ルネサンス時代の壁画のすばらしさと迫力を熟知し、「大衆が好きな時にいくらでも見ることのできる壁画こそ、民主主義の時代の絵画に相応しいとも語った」と言う（参考文献17、一三八ページ）。

イタリアで壁画とフレスコ画を学ぼう、でも、その後メキシコに戻っても、八年も留守にした自分は受け入れられるだろうか――悩みは尽きなかったはずだ。そこに、シケイロスが現れる。彼はリベラに対して、革命後のメキシコに国民大衆運動をつくり出すようなメキシコ美術を生み出す改革の必要を語った。

そのときは、二人とも壁画については通暁《つうぎょう》しておらず、両者ともにイタリアで壁画を学ぶことからスタートした。

切手にもなっているリベラ

帰国後の一九二二年、リベラは文部大臣バスコンセロス（一五一ページ参照）からの依頼を受けて、国立高等学校の壁画プロジェクトに参加した。

その五年後、一九二七年にソビエト連邦から「革命一〇週年」の式典に招待され、ソビエトを訪問している(3)。そして翌年、一九二二年に結婚していたグアダルーペと離婚し、フリーダ・カーロ（4）と再婚した。そして、メキシコ・シティのコヨアカンという住宅地のロンドレス通りの家（通称「青の家」）で、ディエゴとフリーダは暮らしはじめた。

トロツキー（1879〜1940）がメキシコに来ると、二人はこの家をトロツキーに用だてている。トロツキー夫妻は、ここでメキシコ亡命生活のほとんどを過ごした。現在は、「フリーダ・カーロ博物館」となって一般公開されている。フリーダに先立たれたリベラが奔走し、アトリエ兼住居であった「青の家」が博物館になったわけである。

メキシコの歴史と文化を掘り越し、未来につなぐ

リベラの作品には、先住民がたびたび登場する。歴史パノラマのような作品も手掛け、スペイ

（3）ホストは教育大臣アナトリー・ルナチャルスキー（1875〜1933）であった。教育省から壁画の依頼を受け、それを知ったホテルの支配人から、「あなたはもはやゲストではなく、私たちの同志の一人だ」と喜ばれた（Diego Rivera, *MAY ART, MY LIFE: An Autobiography*, Dover, New York, 1960, p.92）。

（4）（Magdalena Carmen Frida Kahlo y Calderón, 1907〜1954）メキシコの現代絵画を代表する画家の一人である。彼女の壮絶な人生（『苦痛と快楽に生きた四七年』）から生み出された作品は、美しくも痛烈極まりない、人生の核心を射貫く問題提起に満ちている。トロツキーと恋に落ちたときもあった。終の棲家となった「青い家」は、青と赤・白で塗り分けられた二つの棟がブリッジでつながれる構造で、青いほうがカーロの棟である（森村泰昌・藤森照信・芸術新潮編集部『フリーダ・カーロのざわめき』［新潮社、二〇〇七年］を参照）。

ン人による征服、植民地の建設、イダルゴとモレーロス、ディアスとその独裁を支えた人びと、植民地時代以前の先住民文化などが描かれた作品もあり、圧巻の極みだ。

メキシコの歴史への熱い思い、先住民やメスティソが主人公の歴史の描き方――リベラの作品は観る者の感性を揺さぶり、メキシコの歴史と現代への熱い思いを伝えている。群像を描いて歴史を表現するといった手腕は、観る者の歴史世界を広角化し、圧倒的な迫力を伝えている。

作品の意味は統合されているのだが、時空を超えた主人公の組み合わせになることもある。たとえば、「日曜日の午後、アラメーダ公園を散歩する夢」（一九四七年～一九四八年）だ。画面には、「一九世紀から二〇世紀初頭のメキシコの歴史上で活躍した有名人の肖像が多数登場し」（参考文献17、一六六ページ）、そこに何と、一二歳の少年ディエゴ・リベラも現れる。骸

骨の貴婦人（リベラに影響を与えたホセ・グアダルーペ・ポサダ［José Guadalupe Posada, 1852〜1913］が創造したカラベラ・カタリーナ）と前列で並んだリベラの後ろには、フリーダ・カーロも大人の女性として描かれている。

この作品の圧巻は、中央に立っている後ろ姿の、横顔しか見えない髪の長い先住民とおぼしき婦人だろう。画面では、居並ぶメスティソや白人などの有名人に対して臆することなく向き合い、黄色みを帯びた洋装でハイヒールを履き、堂々と立っている。

妻カーロの言葉を紹介しよう。

「ディエゴの、美しいものなら何でも受け入れる心の広いやさしさは、どんな言葉を使っても言いつくせるものではありません。……。彼は特にインディオを愛しました……。彼らのエレガントな身のこなしと美しさはもちろんですが、さらに言えることは、彼らはア

「日曜日の午後、アラメーダ公園を散歩する夢」©Fedaro

メリカの文化的伝統の中に咲く花だからです。……社交的な集まりがとても嫌いな一方、伝統的な民衆のお祭りには魅せられます」（参考文献17、一七四ページ）

リベラは、シケイロス同じく、西洋型近代芸術とは異なるもう一つの芸術創造に夢中になっていたと思われる。その土台となったのは、先住民に基づくメキシコの文化と歴史ではなかったであろうか。

トロツキーとのかかわり

リベラは、スターリンに追われるトロツキーのメキシコ亡命を助けたことでも知られている。トロツキーは、レーニンの後継者争いをめぐるスターリンとの権力闘争に敗北して、一九二九年にロシアから追放された。しかし、それで闘いが終わるわけではなく、スターリンはあらゆる手を尽くしてトロツキーを執拗に追い詰めた。まるで、地球上に彼の居場所がないかのように。

トロツキーはトルコのプリンキポに逃れ、それからフランス、そしてノルウェーと亡命生活を送り、にっちもさっちも行かなくなって最後に辿りついたのがメキシコだった。リベラの協力がなければメキシコ亡命は実現できなかった、と思われる。

リベラの壁画への思いを追いながら、トロツキーとの接点を探りたくなった。リベラとトロツキーという類まれな「濃い」（際立って個性的な）二人が、どのような関係性を築いていったのか、興味が湧き出したわけである。

リベラとトロツキー（本名：レフ・ダヴィードヴィッチ・ブロンシュテイン、1879～1940）とのかかわりを知るために、トロツキーのメキシコ亡命への経緯を少しだけ追ってみたい。亡命生活にかぎった研究も十分に蓄積されているが、そのなかから、とくに以下の二冊の文献を参考にした。

一冊は、一九三二年一〇月から一九三九年一一月までトロツキーの秘書兼翻訳者兼ボディガードであったフランス人、ジャン・ヴァン・エジュノール（Jean Van Heijenoort, 1912～1986）の手になる『亡命者トロツキー　1932－1939』（小笠原豊樹訳、草思社文庫、二〇一九年）である。(5) エジュノールは、二〇歳のときから七年間、トロツキーを常に傍らで支えてきた人物で、彼の本は、トロツキーと彼にまつわる人々の心の微細な動きや人間関係の雰囲気まで伝えてくれている。

もう一冊は、小倉英敬『メキシコ時代のトロツキー　1937－1940』（新泉社、二〇〇七年）である。小倉によると、トロツキーの亡命の経緯は次のとおりである。

---

(5)『亡命者トロツキー』の翻訳者小笠原豊樹によれば、エジュノールはトロツキーの死後、活動の舞台を政治から学問に移し、記号論理学を研究して、ブランダイス大学名誉教授になった。もし、エジュノールがトロツキーのそばを離れなければ、暗殺は成功しなかったのではないかと推測される。

アメリカ政府がトロツキーの亡命要請を拒否すると、一九三六年一一月、アメリカの「レオン・トロツキー擁護委員会」から、「メキシコ政府がトロツキーを受け入れるかどうかを打診してほしい」と電報で依頼されたリベラは、病身を押して、しかもメキシコを横断してまで視察旅行中のカルデナス大統領（Lázaro Cárdenas del Río, 1895~1970）との面会を果たした。そしてカルデナス大統領は、トロツキーを政治亡命者として受け入れる、と表明したのである。

一九三七年、メキシコのタンピコ港に到着したトロツキー夫妻をリベラの妻フリーダ・カーロが迎えた。メキシコ・シティへの移動は、大統領が手配した特別列車であったという。リベラとカーロが提供した「青い家」（一五五ページ参照）に、トロツキー夫妻は落ち着いた。

当時、リベラ夫妻はサン＝アンヘルで暮らしていた。エジュノールの回想によれば、メキシコのトロツキスト・グループの活動家は二〇～三〇人で、二派に分かれていたが、リベラはどちらにも与せず、若く貧しいメンバー（教師や労働者など）に対して経済的支援をしていたという。

類いまれな表現能力をもつ二人の相互作用

トロツキーは、トロツキスト・グループの仲間たちによる護衛によって絶えず守られていた。トロツキーが誰かと会う際には、エジュノールが必ず同席したという。ただ一人、トロツキーが二人だけで会話を楽しむという人物がいた。それがリベラである。リベラは、トロツキーが心を許す唯一の存在であった。だから、エジュノールもそっと席を外していた。
「リベラは話相手としてトロツキーが最も熱っぽく打ち解けて接した人物だった」（参考文献11、二三三ページ）と、エジュノールの回想記にある。彼らが会うと、そこには「信頼感や、のびやかさや、くつろぎ」（参考文献11、二三二ページ）があったそうだ。スターリンによって命を狙われ続けるトロツキーにとって、リベラとの会話はかけがえのない時間であったのだろう。陽気で外交性のあるリベラとの談笑は、活気と熱意に満ちて楽しかったようだ（参考文献11、二一七ページ参照）。

リベラとトロツキー、それぞれの基盤思想は同じでなくても、社会変革という点で二人は一致していた。この二人、類いまれな表現能力をもっていた。一人は画家として、一人は文筆家として。それぞれが得意とする表現活動によって、二人はもう一つの価値を実現する理想社会の構築に資するべく懸命であった。

リベラはトロツキスト・グループを経済的に支援するだけでよかったのだが、活動家でありたいという気持ちが抑えがたく、自らの意志をグループに押しつけるようになった。日常活動への参加をめぐってリベラとトロツキーの間に亀裂が生じ、政治活動の齟齬《そご》も重なり、とうとうトロツキーは「青い家」に住んでいるわけにはいかなくなり、一九三九年五月、ビエナ通りの家に引っ越した。

このようにトロツキーとのかかわりをわずかながら追ってみると、リベラのある一面が浮上してくる。エジュノールの言葉を借りれば、「画家であると同時に、戦闘的な政治家にもなりたいという野心を抱いていた」のだ（参考文献11、二三二ページ）。

トロツキーとの交流から判断すると、リベラの思いは常に熱いのだが、いささか不安定なものであった。あるときは、「トロツキー・グループの書記になりたい」と言い、次の日には第四インターナショナルを脱退して、「絵に専念する」と言い出す始末であった。何かに突き動かされているように、創作活動と政治活動の間を大きく揺れ動いている。制御できないほどの創造と、変革へのたぎるマグマを抱えていたのではないだろうか。

トロツキー暗殺

さて、一九四〇年八月二〇日、いよいよ運命のときを迎える。

「青い家」を出たトロツキーに刺客が迫った。刺客（メルカデール）[6]は人脈を活用し、トロツキーにじわじわと接近し、ついには警備員に囲まれて暮らすコヨアカンの隠れ家を堂々と訪問した。しかも、自身が書いた論文の批評を求めるという、理論家トロツキーのガードがもっとも弱い部分を突いたのである。

メルカデールが論評を求めて提示した論文に気を取られたトロツキー、意見を述べようとするところを、頭上からピッケルが襲った。享年、六〇歳であった。

殺害場所は、「青い家」から移り住んだ、いわば第二の隠れ家だった。現在は「トロツキー博物館」（メキシコ・シティ南西部のコヨアカン）として保存されている。メキシコを訪問した際、メキシコ研究者（青木利夫広島大学教授）の父君の資料提供もあって、何としてもトロツキーの隠れ家を見たいと思った。

トロツキーの最後の住まい、ビエナ通りの家を見学した。なかなか立派なもので、二階建てとなっており、書斎や居間、孫の部屋などが保存されている。この隠れ家のドアに触れ、いきなり衝撃を受けた。ドアが鉄製で、恐ろしいほど厚くて重いのだ。しかも、とても小さくて、大人一人が身をかがめなければ入れないほどであった。

ドアを小さくする改造が施されていたことが、レンガの色から判断できる。スターリン派の襲撃から身を守るために防備を強化し、塀も継ぎ足されたようになっていて、異様なほどの高さであった。まるで要塞である。

このような防備と改造は、見る者に衝撃を与える。命の危機に絶えずさらされていた緊迫感が

（6）（Jaime Ramón Mercader del Río, 1914〜1978）スペイン生まれのソビエト連邦のスパイ。ソ連では、「ラモン・イワノヴィチ・ロペス（Рамон Иванович Лопес）」と呼ばれた。

トロツキー博物館の入り口（撮影：すべて青木利夫）

館内にある寝室

館内に置かれているトロツキーの胸像

うかがえるのだ。家系図が貼られていたが、それをよく見ると、非常に多くの身内が殺害されていたことが分かる。

独立記念日とグリート

先に述べた「グリート」（二四四ページ参照）だが、メキシコ独立記念日となる九月一六日の前夜、一五日の夜にソカロ（中央広場、正式名称は「憲法広場」）で行われる。大統領府のバルコニーに、大統領をはじめとして要人がずらりと並び、「ビバ・メヒコ（メキシコ万歳）！」と叫ぶ。ソカロを埋め尽くした老若男女は大声で唱和し、言いようのない盛りあがりを見せる。

何といっても、「グリート」が行われるソカロに行くまでが大変であった。夥しい数の人々が向かうのだが、異様に盛りあがった人びとが泡のようなものを歓喜のあまり誰かれ構わずにまき散らすので、そのとばっちりを受けてしまうのだ。

ひしめきあうようにして集まった人びとは、バルコニーに立つ国家指導者が「ビバ・メヒコ！」と叫べば、それを繰り返す。バルコニーの人が「ビバ・メヒコ！」を発する前にスローガン的な、民衆を奮い立たせるような表現を付け加えれば、観衆は歓喜し、それを唱和する。私のような非メキシコ人でも気分が高揚し、思わず「ビバ・メヒコ！」と大声で何度も叫んでしまった。そして、しばらくして花火が景気よく打ちあげられ、夜空を彩った。

よく見ると、ソカロの「グリート」に押し寄せ、叫んでいる人々は庶民層のようであった。「グリート」も「独立記念日」の祝い方も、階層によって大きく異なるところが特徴的である。

ある年の独立記念日では、レストランで食事を楽しみながら、テレビで「グリート」を見ていた。危険だからという理由で、独立記念日のソカロを敬遠する人びとも多いようだ。ある大手日本企業は、「危ないからソカロには行かないように」という指示を従業員に出しているとのことであった。

メキシコ在住の外国の大使館員（ロシア人）に聞いても、同じく「行かないように」と私たちにアドバイスをしてくれた。レストランで周りを見れば、身だしなみからして中産階級以上の人びとばかりであった。なかには、民族衣装で着飾った人もいた。こうした階級の人びとは、家庭に客を呼んで食事を楽しんだり、高級レストランなどで優雅に過ごしたりしながら独立記念日を祝うようだ。

レストランは、すべて国旗色の三色（緑、白、赤）のリボンや風船などで飾り付けられ、客のほうも、国旗色の衣装を身につけた人が目についた。そういえば、独立記念日の前には、国旗を売る屋台が街中に何軒も出ていた。国旗と国旗色の洪水は、独立記念日を祝うという気持ちの共有化を促し、いやがうえにも気分を盛りあげる。

レストランでの話に戻ろう。午後一一時の少し前からテレビ中継がはじまった。大統領による「グリート」は、この年（二〇〇六年）はソカロではなくイダルゴ市で行われることになったとのことで、大統領が同市に到着後、「グリート」の会場に向かうところから映し出された。

この年は、新大統領フェリペ・カルデロン（Felipe de Jesús Calderón Hinojosa）が就任したときでもある。新大統領による「グリート」は、イダルゴ司祭（一四四ページ参照）が各地を回って窮状を察知し、革命に踏み切ったという史実を模したパフォーマンスである。

レストランの客はといえば、大統領が国歌を歌っている映像が流されると立ちあがって一緒に歌い、「グリート」にも参加し、「ビバ・メヒコ！」を繰り返していた。その後、ステージでは民族衣装に身を包んだ歌手が記念日にかかわる歌を唄い、祝いの気分を醸成していった。

ダンス音楽がはじまると、みんな食事を忘れたかのように立ちあがって踊り狂う。その楽しみ方から、すごいエネルギーが感じられた。孫とダンスするおじいちゃんがとてもほほえましい。とことん楽しむ術《すべ》を心得た人びとが記念日を盛りあげていた。

学校では独立記念日をどのように祝うのだろうかと思い、それを調査するためにある小学校（生徒が三二〇人、教師が約二〇人、一クラス二八〜三〇人）を訪問した。尋ねたところ、独立記念日のお祝いの準備は、ほぼ二週間前からはじめるという。「歌や踊りの練習に取り組む」と言うので、低学年のクラスを見学させてもらった。ここでも、窓際には緑・白・赤の国旗色で飾り付けがされており、保護者の手づくりである国旗色の衣装を着た人形も飾られていた。

　子どもたちには、国旗色のリボンを付けたりとおめかししている子どもが多く、伝統的な衣装を身につけるのを楽しみにしている様子であった。教師たちも、髪飾りが国旗色のリボンであったり、国旗色のビーズ飾りの付いたブラウスを着ていたり、マニュキアが三色の花柄であったりと大いに楽しんでいる。

　独立記念日の祝いのイベントは校庭で行われた。国旗が校長から六人の男女生徒にわたされるところからスタート。前列四人の男女、後列に二人の女子生徒、前列の真ん中の女の子が国旗を掲げ、真ん中の男の子が時折号令をかけ、校庭を一周する。そして、校長の祝辞と来賓の紹介、教師によるメキシコ文化についての話、と続いた。

　生徒たちによる出し物もよく準備されていた。五年生の出し物は、上下ともに白い衣装を身につけた男女が独立の英雄たちについて語るというものだった。一人が英雄の描かれたプラカードを掲げ、もう一人が人物紹介を読みあげていた。

　お祝いのイベントの締めは食事会。特別に用意された食事を、食堂の内外で、子どもたちは参加した家族と一緒に食べる。スープ、パン、ジュース、サラダ——食堂には長い列ができていた。みんな、心の底から楽しそうであった。

この年の前年にも小規模の私立学校における独立記念日のお祝いを見学したが、独立の英雄たちの再現ドラマが演じられているときには、父母がニコニコ顔で見学していたことをよく覚えている。このときの締めは、手づくりのパーティー。いろいろなお菓子などが出され、子どもたちは大いにはしゃぎまくっていた。

手紙――追伸

以上が、パパから触発を受けて、壁画から読み解いた私にとってのメキシコです。

メキシコは考古学の宝庫ですね。パパの趣味にぴったりです。テオティワカンの太陽のピラミッドは有名ですが、そのほか遺跡がいくつもあり、重要な観光資源になっています。

何といっても、メキシコ古代文明の集大成が見学できる国立人類学博物館、これは文句なしのすごさです！　マヤ、アステカなどの遺跡から展示物が選ばれています。パパの書斎には、たくさんのアステカとマヤについての本がありますね。おそらく、この世界的な博物館でも時間を費やしたことでしょう。

どう見ても展示は専門的なのですが、多くの来館者があることにも驚きました。もちろん、海外からの観光客もいるのですが、メキシコの人びとがたくさん来館し、教養を身につけるというよりも、自然体で展示物と会話しているような感じでした。ここでは、考古学が身近な学問なのだなーといった印象を受けました。

メキシコ・シティには活気がありますね。どこに行っても、屋台のような、簡単に食事のできるところがあって、安くてとてもおいしい。トルティージャ(7)は言うに及ばず、野菜や果物などといった豊富な食材を生かし、植民地化前からの料理法に西欧のそれが加わったメキシコ料理は、独特で後を引きます。祝祭の場に欠かせないマリアッチを聞けば、もう気分は「ビバ・メヒコ！」。旅行者にとっても至福のときです。

言い忘れたことですが、リベラとシケイロスは、芸術をめぐって激しく論争したと伝えられています。二人の性格から判断して、ものすごい論争であったことでしょう。でも、シケイロスは、リベラとオロスコを作品（「リベラとオロスコの追憶」）で表現し、盟友といった思いをにじませています。

太陽のピラミッド（撮影：山田英春）

そのリベラが亡くなったとき、棺の側で号泣したのがシケイロスでした。シケイロス夫妻は、リベラの遺児（一人娘）を自分の子どものように可愛がりました。彼女と一緒の、仲睦まじい家族写真が残っています。

メキシコは、何とも言いようのない魅力をたたえていて、訪れる者を逃がしません。その魅力の一つが民族の多様性ではないでしょうか。メキシコ社会は、カオス的な活力をたたえています。この場合、国民統合が課題となるので、独立記念日という非日常の際に、蓄えられた熱量を一方向に向けて爆発的に解放させ、統合力が醸成されるのでしょう。

もう一つの魅力は、民族の歴史と文化に基づいて西洋的近代化を超えるという課題への取り組みです。リベラやシケイロスの創造に向けた苦闘がここにあったように思われます。

マリアッチ（出典：https://www.tripsavvy.com/mexican-mariachi-music-1588856）

（7）熟したトウモロコシに石灰を加え、水煮したうえですり潰し、その生地をクレープ状に伸ばして焼いたもの。

第2章 チリの自然に魅せられて

サンティアゴだより（1）――ネルーダに誘われて文化と歴史の旅に

積年の懸案であったチリ旅行が、ようやく実現した。父が五〇代のほとんどを過ごしたチリは、地理的にははるかかなたの国でも、えらく身近な国であり、それでいて観光旅行気分では訪れたくないという、私には大事なところであった。要するに、「訪れたい」と長く切望しながらも、気軽に足を踏み入れたくはなかったのである。

時間はかかったが、心の準備という内的条件と研究課題（独立記念日の研究という歴史と文化とが交錯する課題）という外的条件とが共鳴し、勇躍《ゆうやく》チリに向かうことになった。

父への手紙

パパ、サンティアゴに着きました！

山々が見えます。アンデスです！　パパを護ってくれた山です。「お帰りなさい」と言っているような気がします。初めて来たのに……そう、初めてという気がしないのです。仕事柄、海外各地に調査出張をしてきましたが、こういう気持ちははじめてです。初めての地なのに緊張感がまったくなく、優しく、温かく迎えられたという気分です。

アンデス山脈、今日は霞んでいますが、二重三重の山並みです。手前の山は低い潅木がまばらで、山肌をのぞかせています。背後に聳える壮麗な峰々は白銀に輝いています。アンデスはチリ人にとって父親（母親）のような山だそうですが、私にとっては、小さいころから慣れ親しんだ名前で、至極遠い国にあるのに、もっとも身近な山の名前となっています。空港からホテルまでの道すがら、アンデスを仰いで胸が熱くなりました。感慨無量です。

サンティアゴへの旅程はなかなかのものでした。東京を二〇〇六年一一月一日の一六時三〇分に発って、アトランタまで一二時間強のフライト。そこで乗り換えて、九時間の飛行でようやくサンティアゴです。パパがチリを訪問していたころよりははるかに容易になったとはいえ、今でも大変な道のりです。

パパは、一時帰国の際には、いつもお花のレイをお土産として持ってきてくれましたね。チリの往復はハワイ経由であった、と思います。一番のお土産が、私にとってはそのレイでした。それは、それは、とても香りがよかったから。

早速、サンティアゴ市内を散策しました。このところ立て続けに訪問したメキシコ・シティとはまったく異なる印象です。雑然としたなかで熱量の高さを感じるメキシコ・シティに比べると、ここは穏やかで、こざっぱりとしています。

メキシコとチリの見た目の違いですが、街ゆく人びとの民族構成が異なっているように思えました。メキシコは混血が特徴となっていますが、チリでは白色化が進んでいます。サンティアゴの通りを歩けば、先住民の血を受け継いだと思しき人にも会うのですが、その数はメキシコに比べてはるかに少ないです。

サンティアゴの街の造りはヨーロッパ的ですが、気取ったところがありません。すがすがしい街です。肩の凝らないレストランで食事をしました。慣れ親しんだ街にいるような寛いだ気分です。通りを眺めれば、働く女性が颯爽と闊歩しています。

パパが言っていたことで忘れることができなのが、「一日でスキーも水泳も楽しめる」という話です。そんなところがあったら、夢みたいと思いました。早速、現地の人に尋ねると、パパが言ったように、サンティアゴ市内から一〜一・五時間でスキー場に行けるそうです。何とすばらしいことか。

詩人のパブロ・ネルーダが、

おお　チリよ　海と葡萄酒と
雪の　細長い花びらよ

と詠《うた》ったように、チリの形は細長い花びらのようで、アンデス山脈と南太平洋とに挟まれ、南北の長さは約四三三〇キロ、東西の幅は一五〇〜二〇〇キロです。だから、サンティアゴ付近なら、スキーも水泳も一日のなかで楽しめるのですね。見方によっては、国の形がタツノオトシゴにも見えます。

緯度差が大きいので気候風土は多様、植物分布も、地質地層もこれまた多様。北部は乾燥地帯でアタカマ砂漠があり、岩のゴツゴツとした高原があり、パパが活躍した鉱山があります。だからパパは、「移動はジープや馬を使った」と言っていましたね。パパは若いころに山登りを趣味にしていましたが、チリでは高山病に一度はなりかけたと言いますから、きつかったのですね。

サンティアゴ付近は地中海性気候ですが、南部は森林地帯で、湿気が多く寒い地域です。この自然の多様性と過酷さ、そこに生きる多様な命、あまりに美しい海と峻嶺《しゅんれい》。この自然の魅力によって育まれたのが、一九七一年にノーベル文学賞を受賞した詩人パブロ・ネルーダ（Pablo Neruda, 1904～1973）だと思います。

チリでのクーデター後の一九七六年、戒厳令下のサンティアゴを訪れた作家の五木寛之は、三人のパブロについて語っています。一人は、先のパブロ・ネルーダ、もう一人はパブロ・ピカソ、いま一人はパブロ・カザルス[1]。三人は、一九三六年のスペイン内戦でフランコ政権に反対した仲間で、一九七三年にいずれも亡くなりました。一九七三年は、社会主義国チリの政権が軍事クーデターによって倒された年です。

五木寛之は、ネルーダがチリの美しい自然と、その国の人びとを愛すれば愛するだけ、それを破壊しようとする多国籍企業と黒幕に怒りを覚えたのだ、と書いています（参考文献４、一〇〇～一〇一ページ）。

パパが教えてくれたチリの自然の魅力と不思議（多様性）に、チリ文化の奥行きをひもとく鍵が潜んでいるように思えてきました。

途方もなく不思議な、引きこまれるような魅力をもったネルーダの博物館を訪れたときに感じた、心地よい自然と人間との一体感。どこまでも美しく透明で、海の底までも共鳴しあうような一体感という不思議な体験によって、チリの魅力を体感しました。ネルーダの苦しみと喜びにわずかでも寄り添うことで、チリの自然の魅力と文化、さらにはチリの歴史を感じ、考えることができそうです。

パパが伝えてくれたチリの自然の魅力と多様性を、わたくしなりに少しだけですが感じ、味わってみます。その結果をレポートにしてお知らせします。

チリ・レポート（1）――チリの自然に魅せられて：文化と歴史の旅

パブロ・ネルーダの博物館

詩人パブロ・ネルーダの博物館を訪れた。サンティアゴから海岸に向かって車を約一時間進めれば、「イスラ・ネグラの家博物館」に着く。海が大好きなネルーダが生活したユニークな造りの家三棟がいずれも博物館になっていて、国内外からひっきりなしに見学者が訪れている。

いずれの博物館もネルーダ自身のデザインが生かされており、思いもよらないような装飾、たとえば貝殻をふんだんに用いた装飾など、なんとも魅惑的である。彼の海へのこだわりに接するうちに、いつのまにかネルーダの世界に引き寄せられ、心地よく浸っている。

（1）（Pablo Casals, 1876～1973）カザルスのチェロによって、カタルーニャ地方の民謡『鳥の歌』が世界中に広まっている。

外交官を経験したためか、世界各地から収集した展示品もあり、ロシアの大きなマトリョーシカ（約四〇センチ大で、一一個もの人形がはめ込みになった立派なもの）も飾られていた。

何と、サプライズもあった。前章の「メキシコ・レポート」（一四二ページ）で触れたリベラとシンクロしたのだ。そう、リベラが描いたネルーダの三番目の奥さん、マティルデ・ウルティアの肖像画が飾られていたのである。いささかキュービズム風な作品で、向きを異にした二つの顔が描写されており、カールした髪形に横顔のネルーダが隠し描かれている。

これは一九五三年の作品である。一九五〇年に、ネルーダはメキシコでリベラとシケイロスに会っている。期せずして、「メキシコ・レポート」と「チリ・レポート」が共鳴した。

軍政時にはこの博物館はすべて閉じられ、軍政が終わってからようやく修復がはじまり、現在は説明者が常駐する博物館として人気を集めている。社会主義時代の大統領アジェンデ（七八ページ参照）と一緒に撮った写真も飾られていた。

ネルーダの詩

パブロ・ネルーダ（本名、ネフタリ・リカルド・レイエス）は、一九〇四年七月、チリ中部のパラルで生まれたが、少年時代を過ごしたのは南部のテムコであった。一〇歳になったばかりのパブロは、「テムコの自然に酔い、そのときすでに詩人であった」と述懐している。テムコは、南北に細長いチリのほぼ真ん中に位置している。この地域の特徴は、豊かな自然と、チリ国内でもっとも高い先住民族比であろう。

ネルーダの詩『大いなる歌』の表現を借りれば、自然は「豊かな」どころか強烈で、「大木」、「じめじめと湿った大地」で象徴され、「イグアナ」、「やせた野生のラマ」、水の奥には「大アナコンダ」が暮らす野生の世界と詠《うた》われている。こうした自然との交感という原体験がネルーダを詩人にした、と自らが語っている。

ネルーダは、「チリの森」ばかりでなく、チリの自然全体に対して、さらにはアメリカ大陸の自然に対して畏敬の念をもって接している。彼にとって自然は、畏敬を胸に一体化する世界であった。それは、「常にいかなる抑圧行為や降服行為にも対抗する保護区のようなもの」（参考文献24、二二〇ページ）という指摘もある。彼がよく詠う「粘土」や「石」も、つまりは自然界を構成するすべてが生命をもっていて、その生命と人間の命とが共鳴し、一体化するのだろう。この一体感がアイデンティティの一部となって、活動を方向づけたのではないだろうか。

白色化が著しいチリだが、ネルーダは先住民族を祖先と見なし、「わがアラウカの祖先たちは……」（『大いなる歌』）と詠う。アラウカ族（マプーチェ族と同じ）はチリ南部の先住民で、スペイン人と敵対するも、決して降伏しなかったという稀有な民族である。この意識も、彼の詩を貫いている。

ネルーダを有名にしたのは、弱冠二〇歳のときに出版した『二〇の愛の詩と一つの絶望の歌』（松田忠徳訳、富士書院、一九八九年）であった。この詩集は世界各国で翻訳されている。

ネルーダの社会人経験は外交官としてスタートし、ラングーン(2)の名誉領事を皮切りに、コロンボ（スリランカの旧首都）の領事などアジアの各地で外交官として働き、一九三五年にマドリードの領事になり、一九四〇年にはメキシコ総領事に任命された。そして一九四三年に、パナマ、コロンビア、ペルーを訪問している。

その際、ネルーダはマチュピチュを訪れて詩想を得、一九四五年にあの有名な「マチュピチュの頂」を書きあげた。

マチュピチュといえば、日本でも「天空の都市」として誰もが憧れる観光地である。たぶんネルーダも、石造りの建築跡の見事さ、だんだん畑の美しさなどに心打たれてロマンティックな詩をつくったのではないかと想像してしま

マチュピチュ

いがちだが、あにはからんや、実際のネルーダの詩は真逆で、抑圧されていた人びとや抑圧されている人びとの声を代弁しようとするものであった。

突き詰めれば、「死」が全編の底に流れていると言っていいだろう。詩人の大島博光《はっこう》（一九一〇～二〇〇六）は、ネルーダは「これらの石の建物をきずいた人たちの仲間として」遺跡を訪れ、「この大遺跡のなかに消えさったむかしの死者たちに呼びかける」詩を書いた、と解釈している（参考文献13、一〇四ページ）。

一方、『ネルーダ詩集』（思潮社、二〇〇四年）の訳編者である田村さと子は、「マチュ・ピチュの頂」は『大いなる歌』の中でも、とりわけ高く評価され」、「二十世紀に書かれた最高傑作として国際的に認識されている」（参考文献43、一四二ページ）という。

田村によれば、「マチュ・ピチュの頂」はネルーダの人生の方向を決めた作品であり、そこでは「マチュ・ピチュを擬人化し、そこのかつての住民たちに呼びかけつつ、虚しい個人主義を棄てて、抑圧されている人びととの声となる決意をするに至る彼自身の詩と生

『ネルーダ詩集』の書影

（2）現在のヤンゴンで、かつてミャンマーの首都であった。

活の変遷が語られる」（参考文献43、一四二ページ）と解釈している。実際、作品内でネルーダは、マチュ・ピチュの建設で亡くなった人、ここに暮らし、苦しんだ人に語りかけ、彼らの声を聞こうと問いかける。

現代チリの代表的な詩人で、パブロ・ネルーダ賞を受賞したラウル・スリータ(3)は言う。「マチュピチュのインカの廃墟との出会いは、ネルーダの中では、そこで死んだすべての人々、そこに暮らした民、そこで苦しんだ人々が一段階上昇してこの世に再びよみがえるための誘いとなっています」（参考文献24、二二八ページ）

スリータは続けて、ネルーダは自分の口を通じて話すよう死者に頼んでいる、と語っている（前掲書、同）。

「マチュ・ピチュの頂」に貫かれるネルーダの詩想は、彼の『大いなる歌』の全体において確認される。一九五〇年、亡命中のメキシコで出版された『大いなる歌』には、ネルーダの宇宙観の構成要素がすべて出そろっている、と言ってもよい。大自然、地理、動物、植物、鉱物、民族の歴史、征服者と戦った人びとが登場する（参考文献13、九七ページ参照）。まさに『大いなる歌』は、「全く恵まれない人々、裏切られた人々、先住民、犠牲者の一人と感じる人々、の視点で書かれて」いる（参考文献24、二二八ページ）。紛れもなく、この視点で「マチュ・ピチュの頂」

も書かれているのだ。

『大いなる歌』で、ネルーダは労働者にもエールを送っている。

わたしは　牢屋へぶち込まれるために書くのではない
百合《ゆり》の花などを夢中に探す若僧のために書くのでもない
わたしは　素朴なひとたちのために書くのだ
この世の必要なもの　水や月や
学校やパンや　ぶどう酒や
ギターや道具類などをほしがっている
素朴なひとたちのために　書くのだ
……
……かれらは言うだろう
「これは同志の詩だ」

（３）（Raul Zurita）一九九九年当時は、チリ大学教授、カルフォルニア大学客員教授、芸術社会科学大学教授。

それだけで　たくさんだ
それこそが　わたしのほしい花束だ　名誉だ
（参考文献13、九二～九三ページ）

ネルーダの足跡

ネルーダは、一九四五年三月にチリ共産党の公認候補として総選挙に立候補し、上院議員に選出されたのち、七月に入党した。一九四八年にネルーダは、ビデラ政府がアメリカへの追従政策をとったことに対して、「自由が否定された」と上院でビデラ大統領（Gabriel González Videla, 1898～1980）を厳しく批判した。その結果、ビデラによってネルーダに逮捕状が出され、ネルーダはアルゼンチンに亡命して『大いなる歌』を執筆し続けた。そして、一九五〇年、シケイロスとリベラによる挿画入りの『大いなる歌』がメキシコで出版された。チリで出された逮捕命令が撤回されたのは一九五二年である。

話は、一気に「チリ革命」まで飛ぶ。一九七〇年の大統領選の予定候補者として共産党はネルーダを、社会党は医師でもあるサルバドール・アジェンデ（七八ページ参照）を指名した。ネルーダは立候補を取り下げ、アジェンデが「人民連合」の統一候補となった。

一九七〇年、アジェンデがチリの大統領に就任した。暴力に頼らない、議会を経ての社会主義政権の誕生に世界中が驚いた。

無血革命を可能にしたのは、一九七〇年九月の選挙で人民連合が勝利したことである。ラウル・スリータ（一八二ページ参照）は、「チリの社会全体に染み込んで勝利をもたらしたのはネルーダの詩なのです」と言いきっている（参考文献24、二二一ページ）。

アジェンデ政権によって、一九七一年にネルーダはフランス大使に任命され、赴任する。同年にノーベル文学賞を受賞しているが、その受賞理由からは、彼が社会主義的であることは削られており、もっぱらラテンアメリカ地域主義だけがクローズアップされていた。

翌年、ガンの手術を受け、一九七三年には大使を辞任する。同年九月一一日、軍事クーデターが勃発し、銃撃戦のなかでアジェンデ大統領は死亡した。ネルーダの家も破壊され、病床にあったネルーダは大きな精神的な打撃を受け、九月二三日、絶望のなかで亡くなる。享年六九歳であった。

その葬儀は、軍の監視下で行われたのにもかかわらず多くの市民が参列し、期せずしてインターナショナルの歌が湧き起こったという。

軍事政権は一七年間続き、最初の一二年間は『大いなる歌』をはじめとするネルーダの多くの著作に対して発禁措置がとられた。

自然と文学

チリの自然に共感したのはネルーダだけではない。その一人がガブリエラ・ミストラル（Gabriela Mistral, 1889～1957）である。チリにあって、ノーベル文学賞を受賞したもう一人の詩人であり、外交官でもあった。受賞したのは一九四五年。彼女はチリの寒村、モンテグランデの貧しい家の生まれで、就学経験がなかったそうである（参考文献24、二二二ページ）。

ラウル・スリータによれば、ミストラルはアンデス山脈を、「南米のすべての民を庇護し、守るもの」、いわば「南米の守護神」というイメージで描いている。チリ人がアンデス山脈に込めた特別の意味が伝わってくるような気がする。しかも、ミストラルとネルーダの作品が、チリ人のアイデンティティ形成に寄与していることも見逃せない。

時代こそ異なるが、ミストラルも当時ラテンアメリカ大陸で起きていた解放運動の側に立ち、社会問題を自分のものとしてとらえて表現していた（参考文献24、二二二ページ）。

ネルーダやミストラルと同様の、自然に対する特別の思いと意味づけ、さらには周辺・辺境に生きる存在への共感――これらが活動の基軸になった作家がいる。一九四九年生まれのルイス・セプルベダ（Luis Sepulveda, 1949～2020）である。彼は人民連合を支持したために軍事政権によって投獄され、二年半にわたって刑務所で暮らした。出獄後、ヨーロッパに亡命して各地を回り、一九八〇年からは主にドイツのハンブルクを拠点に活動してきた。こんな彼は、国際ＮＧＯ「グリーンピース」の運動にも加わっている。

セプルベダは、チリの、とりわけパタゴニアの自然に特別の感情を抱き、エコロジー思想のもと社会運動に加わった。また、セプルベダは、マジョリティとは異なっているゆえに苦しむ存在に寄り添おうとしてきた。辺境に生きる人たちに心を寄せ、異なる者同士が共存できる可能性を模索している。

こうした思想は、彼の作品から読み取ることができる。たとえば、私の大好きな『カモメに飛ぶことを教えた猫』（河野万里子訳、白水社、一九九八年）だ。のちにこの作品について少しだけ言及したいが、その前にセプルベダの作品を紹介していきたい。

まず、『ラブストーリーを読む老人』（旦敬介訳、新潮社、一九八九年）。

主人公は、入れ歯とルーペを大切にする老人。密林のほとりで生活し、恋愛小説が大好きである。彼が目撃するのは、密林に文明人が資源を求めて入りこみ、そのために動物や先住民が追いやられていくという現実である。そして、ついに破壊される森の逆襲がはじまる……。

『ヤカレー』（杉山晃訳、現代企画室、一九九九年、『センチメンタルな殺し屋』所収）のストーリーも類似している。国際法で保護されている野生動物と少数民族が共存している地域に西欧の皮革業者が目をつけ、動物を殺戮し、皮革で大儲けをしたうえ少数民族まで絶滅させようとする。

金銭的利益のために自然が破壊され、生きものの命が無残にも奪われていくという話だが、地球上で起こっている類似した現実を想起させる。そう、自然（野生動物や森林）と共存する少数民族が、外部者の開発によって自然を破壊されるとともに、居場所と生業を失うという現実である。

それでは、『カモメに飛ぶことを教えた猫』のストーリーを紹介していこう。

『カモメに飛ぶことを教えた猫』

太ったオスの黒ネコであるゾルバが、カモメの子どもを卵から孵して育て、さらに飛ぶことまで教え、見事にカモメとして独り立ちさせるという話である。ヨーロッパでは、「八歳から八八歳までの読者のための本」とされ、大いなる人気を博した。

なぜネコがカモメという異種の子育てをすることになったかといえば、原油による海洋汚染によって親カモメが飛べなくなったことに端を発する。舞台となったのは、セプルベダの活動拠点であったハンブルク。

石油まみれの親カモメは、最後の力を振り絞って飛ぶのだが、力尽きてゾルバが日光浴しているバルコニーに落ちてしまう。息絶える前にカモメは卵を産み、ゾルバに三つのお願いをした。卵を食べない、ヒナが生まれるまで卵の面倒を見る、ヒナに飛ぶことを教える、という三つだ。このようなとんでもないカモメの願いをかなえると、ゾルバは約束をしてしまう。

ネコの仲間が協力しあい、ヒナのフォルトゥナータを育て、大空に飛び立てるように教えていく。ゾルバがフォルトゥナータに向かって次のように言った。

「きみのおかげでぼくたちは、自分とは違っている者を認め、尊重し、愛することを、知ったんだ」

「いっしょに過ごすうちに、ぼくたちにはそれが、できるようになった」（邦訳書、一二三ページより）

フォルトゥナータはゾルバを「ママ」と呼び、慕い、頼っているが、飛べるようになるまでは難題山積だ。どうしても人間の手を借りなくてはならなくなったとき、ゾルバが助けを求めたのは詩人であった。何やら、ネルーダを想起してしまう。

さて、感動のラスト。

ゾルバと詩人は、フォルトゥナータを連れて聖ミヒャエリス教会の鐘楼に上った。フォルトゥナータは「怖い」を連発する。そして、空は雨模様。

彼女は「雨、水。好きだわ！」とつぶやく。

『カモメに飛ぶことを教えた猫』

「飛べ！」ゾルバは前足を差し伸べ、かすかに彼女の背に触れると、フォルトゥナータの姿が一瞬消え、次には空に舞いあがった。そう、飛べたのだ。カモメとして独り立ちしたのである。

チリの詩人や作家の作品に接すると、自然との一体感がメンタリティの一部に組みこまれているような気さえしてくる。だからだろうか、チリの人びとは、自然の価値を護るために行動まで起こす。社会運動としての環境運動が活発化するのは一九七〇年代であるが、「他の社会運動とは異なって現在も成長を続けている」（参考文献12、二三ページ）との指摘がある。

どうやら、チリには総じて社会運動が起こる風土があるようだ。その風土を強化したのは、権力による弾圧への反発ではなかっただろうか。ピノチェト軍事政権（一九七三年～一九九〇年）による弾圧への反発が蓄積され、カトリック教会関係者や左翼活動家などの協力によって人権擁護活動につながっていったと言えるだろう（参考文献12、二四ページ参照）。

舞台は現代に飛ぶが、二〇二二年三月にチリの大統領に就任したガブリエル・ボリッチ（Gabriel Boric Font）も、選挙戦において人権擁護と格差是正を訴えていた。彼は学生運動出身の下院議員である。一九八六年生まれという、世界でもっとも若い国家元首の登場は、チリ社会の底に流れる民衆思想を感じさせてくれる。

手紙——追伸

チリはパパにとって居心地がよかったようですが、それが分かったような気がします。チリの詩人や作家を少しばかり調べてみると、自然との一体感が心の深くに静かに、時には激しく流れ、それがチリの精神風土にもなっているようにさえ感じられたからです。自然との一体感を大事にするパパにとっては、チリの精神風土が心地よかったのではないでしょうか。

見上げれば峻厳《しゅんげん》な霊峰アンデスがどっしりと静かに見守っているというサンティアゴ市やコピアポ市の空気感と景色は、山好きのパパには心和むものがあったのでしょう。

パパの言葉に触発されて抱いた関心に基づいて、サンティアゴ散策を引き続き楽しみます。パパが行かなかった場所を紹介できるといいのですが……。

サンティアゴ逍遥の結果は、次のレポートでお伝えします。

第3章 世界史の一ページ
――大統領アジェンデの苦闘

サンティアゴだより（２）――議会を通じての社会主義政権の誕生

チリという国は、これまでに何度か世界中を驚かせてきた。その一つが、無血の社会主義革命の成功である。暴力を用いずに社会主義政権が樹立されたのだ。成立したアジェンデ政権（七八ページ参照）は三年間と短かったが、世界史的な意味は決して小さくない。サンティアゴ市内を散策しながら、アジェンデの周辺に思いをめぐらせてみよう。

街のシンボル、聖母マリア像（撮影：藤枝康子）

父への手紙

前回のレポートでは、ネルーダについて少し詳しく触れましたが、アジェンデについては名前を出した程度でした。そういえば、パパはアジェンデの登場について注目していましたね。パパの手記には、アジェンデの選挙演説についての言及がありました。

わたくし［父］がチリに滞在している間に大統領選挙があり、保守のアレッサンドリ（ホルヘ・アレッサンドリ［Jorge Alessandri Rodriguez, 1896～1986］一九五八年から一九六四年まで大統領）が本命であったが開票してみたら社会党のアジェンデにもう少しで負けるところであった。彼は選挙演説の時に敗戦の憂き目を見た日本人が戦後一〇年経ったかたないうちにチリにまで乗り出して活躍しているではないか、チリ人はシエスタなんていう悪習はかなぐり棄てて努力すべきであると言ったそうである。（手記より）

演説内容は伝文ですが、手記のほかの箇所にもアジェンデへの言及がありました。

当時、私のほうがチリに対して関心を持っていなかったので、かみ合った話にならなかったことを、いまはすごく反省しています。

実は、今回、アジェンデ美術館も訪問したのです。そこで演説するアジェンデの声を聞くことができ、少しばかりアジェンデを調べてみたくなりました。

ただ、驚いたことには、あれほど内外から観光客が押し寄せていたネルーダの家（イスラ・ネグラの家博物館）に比べ、ともに社会主義政権の誕生に命を捧げたアジェンデの記念美術館には訪問客がほとんどいない。施設が整備された直後であったようですが、なんとも寂しい限りでした。（手記より）

でも、アジェンデの息吹が感じられる場所へ、友人がわたくしを連れてってくれました。そこは、社会主義者たちがたむろした隠れ家的レストランです。小さい部屋が三室くらいあり、仕切りを閉じると、部屋がないかのように感じられるという不思議な造りでした。窓はなく、壁という壁には古い手書きの紙片や客の名刺が貼りつけられています。「おばかさん」と書かれた薄汚いTシャツも飾られていました。

チリ在住の友人から聞きたところによれば、ピノチェト（七八ページ参照）の時代、「ピノチェトに投票しない人はおばかさんだ」と言われ、「上等だ！　おばかさんでいいさ！」といった心意気が仲間を呼びあう名称になったという説があるそうです。

メニューの表示はひどく過激でした。野菜が添えられた豚肉やソーセージなどの肉の盛りあ

表　4人の左翼連合の大統領

パトリシオ・エイルウィン（Patricio Aylwin Azocar, 1918～2016、第31代、1990年～1994年）

エドゥアルド・フレイ・ルイス＝タグレ（Eduardo Frei Ruiz-Tagle, 1942～、第32代、1994年～2000年）

リカルド・ラゴス（Ricardo Lagos Escobar, 1938～、第33代、2000年～2006年）

ミシェル・バチェレ（Verónica Michelle Bachelet Jeria, 1951～、第34代、2006年～2010年、第36代、2014年～2018年）

わせに付けられた名前は「テロリスト」。そこで、この「テロリスト」を食べることにしました。味はなかなかのものでしたが、すごいボリュームでした。夜には賑わう店だそうですが、昼食時であったのであまり混んでいませんでした。思わず目を見張ったのは、二人の女性が、大盛りのあの「テロリスト」をたいらげつつあったことです。

高齢の店主よれば、壁に多数かけられた絵画は、軍政時代に売れない左翼系画家から飲食代代わりに受け取った作品だということです。その数、四五〇点を超えていました。店主自身も亡命し、戻ってきて店を続け、三度焼き討ちにあったのですが、それでも店を閉めなかったとのことです。

民政化した初代大統領（左翼連合）は、亡命帰国者にこの店に行くことをすすめたそうです。二〇〇六年に訪れたときには、軍政解除後、四代続いている左翼連合の大統領の写真がすべて貼られていました。

こざっぱりとした、サンティアゴ市内としてはめずらしくちょっと怪しげな通りにあり、通りから折れて奥に入る暗いトンネル状の通路、しかも、その途中の壁に開けられた入り口から店に入ります。入り口が目立たないので、どこに店があるかもまったく分かりません。まさしく、隠れ家でした。

そして、店に入った正面の壁には、アジェンデとネルーダのツーショットとアジェンデの演説模様などの写真が飾られていました。椅子もテーブルも簡素で、いかにも隠れ家風でした。

今回のレポートは、今から思えば、チリ通のパパの意見を聞いておけばよかった、と反省しきりのアジェンデについてです。

チリ・レポート（２）——選挙で選ばれた初のマルクス主義者大統領

モネダ宮殿（大統領官邸）

サンティアゴ散策といえば、白亜の壮麗な歴史的建造物である「モネダ宮殿」を訪れないわけにはいかない。一八〇五年に完成され、造幣局として使用されていたが、一八四五年から官邸となった。この厳かで美しい歴史的建造物が空軍の爆撃を受けている。一九七三年のクーデターのときである。弾痕も生々しく、痛々しい姿が修復されたのは一九八一年であった。

このモネダ宮殿から、アジェンデが国民に向けて最後のラジオ演説を行ったことはよく知られている。アジェンデ（七八ページ参照）は、自害したのか、ピノチェト軍によって殺害されたのか、ずっと長らく分からなかったが、二〇一一年、チリ政府が次のように発表した。

「埋葬されていた遺体を掘り起こし、調べた結果、アジェンデはカストロ（Fidel Alejandro Castro Ruz, 1926～2016）から贈られた銃によって自ら頭を撃って亡くなった」

アジェンデとは？

アジェンデ政権の誕生は、「唯一の社会主義への平和的移行の試みであったという意味で、二〇世紀の世界の政治史の一画期をなす出来事」（参考文献3、二〇〇ページ）であった。

民主的に選挙を通じて大統領に選出され、武力行使をあくまで忌避したアジェンデであったが、自らはクーデターという暴力によって非業の死を遂げたわけである。

アジェンデが大統領であったのは、一九七〇年一一月三日から一九七三年九月一一日までと短く、マルクス主義者として社会主義社会の建設を目指す政策に着手するも、成果を上げる前に亡くなっている。

モネダ宮殿　© ユーザー：ホルヘ GG

アジェンデは、チリの港町、バルパライソ市の裕福な家庭に生まれた。中等教育を卒業後、チリ大学医学部に入学して政治活動をはじめ、学生のリーダー的存在になった。医師の資格をとって外科医として働くなかで、貧困という現実に向きあうことになる。一九三三年、チリの社会党結成に加わり、一九三七年に国会議員（下院）に選出された。その後、一九三九年には保健厚生関連の大臣となり、貧しい人びとへの医療サービスの向上に努めた。

一九四五年、上院議員に選出され、その後の一九五二年から大統領を目指して、長く険しい道を歩むことになる。大統領選に負けても負けても立ち直り、都合四回も挑戦している。一九五二年に初の大統領選に立候補するも、得票率が六パーセントにも届かず惨敗。一九五八年には社会党と共産党との連合「人民行動戦線」から統一候補として大統領選に臨み、三〇パーセント弱の得票率を得た。三回目となる大統領選への挑戦は一九六四年で、得票率を約四〇パーセントまで伸ばしたが、右派の国民党と中道のキリスト教民主党の支援を受けたエドゥアルド・フレイ・モンタルバ（Eduardo Frei Montalva, 1911～1982・第二八代）に差をつけられ、落選した。

回を追うごとに得票率を伸ばしてきたアジェンデだが、ようやく一九七〇年、四回目の大統領選で勝利を得ることになる。人民連合（社会党、共産党、急進党に加えてキリスト教民主党から分裂してできた三党を含む六政党で構成された）によって擁立されたアジェンデ（社会党）は、得票率では他の候補を下すも、過半数の獲得とはならなかったために議会の上下両院合同会議が開かれたのち、議会において大統領に指名された（参考文献52、五七ページ参照）。社会主義政権の誕生である。

ガルセス[1]の著書『アジェンデと人民連合』（後藤政子訳、時事通信社、一九七九年）によれば、すでに一九六四年の選挙でも、アジェンデが鉱山地帯では五七・四パーセント、工業地帯では四四・六パーセントの支持を得ていたという。ガルセスは、「人民連合の強さの基盤は一九五六年以来蓄えられてきた社共連合の力にある」（前掲書、三三ページ）と考察している。

アジェンデは大統領選で勝利したものの、行く先は恐ろしく険しいものであった。人民連合に組織労働者の多数が結集しているとはいえ中間層である反対派との共存が不可欠で、ありていに言えば、右翼になびかないように中間層を引き留めておく必要があった。その必要性は、議会の議員数にくっきりと表れていた。

一九七〇年における議会の党派別構成を見れば、下院では社会党（一五議席）、共産党（二一議席）、急進党（二〇議席）など人民連合は計五七議席、キリスト教民主党（五五議席）、国民党（三四議席）など反人民連合は合計九三議席、上院では社会党（六議席）、共産党（五議席）、急

（1）（Joan E.Garcés・生没不詳）アジェンデの政治顧問で、クーデター時にアジェンダの指示でモネダを脱出し、唯一生き残った側近。

進党（七議席）など、人民連合は合計二三議席、他方反人民連合は、キリスト教民主党（二〇議席）など、合計して二七議席を占めていた。つまり、いずれも野党が与党を上回っていたのである（参考文献18、五六ページ）。なお、下院の議員数は、一九七〇年一〇月の時点で一五〇名、上院のそれは五〇名であった。

だから、政策の決定にあたってはキリスト教民主党（少なくとも一部）の支持が必要であった。要するに、アジェンデ政権存続のキャスティングボートを握っていたのは中間層であり、その政治基盤はキリスト教民主党であったから、彼らが右翼勢力側に抱きこまれないように引き留める政策を絶えず模索する必要があったわけである。

しかも、与党内は寄り合い所帯で、急進的な党と穏健な党などによって構成されており、統一性を著しく欠いていた。「チリにおける民主主義の崩壊に関する諸説の一整理」という論文を書いた出岡《いづおか》直也によれば、都市の工業労働者を階級的基盤とする共産党は穏健路線で、段階的な社会主義化を目指していたが、社会党はアジェンデとは異なる急進的な社会主義路線であった。

このように政権が一枚岩ではなく、さらにアジェンデが人民連合の代表でも、社会党の党主でもなかったことが政権内の意思統一を困難にしたように思われる。

そんなアジェンデの前には、もう一つ、すさまじく大きな力が立ちはだかっていた。それがアメリカである。アメリカは、チリの人びとに社会主義への憧れがあると察知し、それがそのほかの中南米諸国に広がることを恐れた。そこで、「この風潮を潰さなくてはならない」と考えたのである。とくにアメリカがアジェンデ政権について許しがたかったのは、チリの銅産業を支配していたアメリカ系の企業を国有化したことであった。

アメリカは、アジェンデが登場する以前から当選阻止のために資金を投じてきたが、阻止に失敗すると、チリの親米右翼勢力を支持するためにチリ経済の撹乱を画策した（参考文献18、五九〜六〇ページ）。その手法というのは、まず金融封鎖であった。アメリカは、国際開発局（ＡＩＤ）援助を停止し、国際金融機関（世界銀行を含む）もチリへの融資を打ち切った（参考文献18、九二ページ）。この措置の効き目は絶大で、物不足が引き起こされ、社会が混乱しはじめた。

さらに、政権に大きな打撃を与えたのが、トラック所有者による長期のストライキであった。これによって流通が止まってしまい、経済危機が一層深刻化したのである。

このように、仕組まれた経済と生活の混乱は、右翼勢力がヘゲモニーを奪還する契機をつくり出し、次第にキリスト教民主党や中間層が政権を見放しはじめることになった。

民主的に、法に基づいて成立したアジェンデ政権にとって重要であったのは「政権の合法性」である。それこそが軍部による政権打倒の武力行使を抑止する砦であった。そこで、キリスト教民主党は、政権を違憲とする決議案を下院で採択するという方法で政府の合法性に穴を開けたのである。

軍隊が動き出した。アジェンデが陸軍総司令官に推薦したのがアウグスト・ピノチェト将軍（七八ページ参照）。何と、その人が裏切って、一九七三年九月一一日に陸・海・空軍によるクーデターが勃発したのである。

ガルセスによれば、クーデターによって三〇万人以上の人民連合支持者が虐殺され、六〇万人以上が投獄・拷問され、多数の亡命者を出したという(2)（ガルセス、前掲書、一〇六ページ）。このときの恐怖が現在も一部のチリ人のトラウマになっているようで、「９・11」と聞けば、チリのクーデターを思い起こす人がラテンアメリカでは少なくない。

アジェンデの政策

アジェンデはどのような政策をとったのだろうか。道半ばにして、否はじまったばかりで摘み取られた政策とは、いったいどのようなものだったのだろうか。

まず、貧困対策として大幅な賃金の引き上げを行った。これによって国民の購買力は拡大し、生産も増大し、失業率も低下した。大土地所有を廃止する農地改革は、前政権のフレイ大統領がはじめたものだが、それを拡大・徹底したわけである。その結果、政権初期には農業生産も増大している（参考文献52、五九ページ参照）。また、「ＧＤＰは一九六六〜七〇年間の平均三・七パーセントから一九七一年には七・七パーセントの高い成長率を記録した」（同）。

教育においては、質的・量的に拡充されている。前フレイ政権時に基礎教育レベルは完全に普及したので、アジェンデ政権では就学前教育、中等教育に重点を置いて、量的拡大を達成した。栄養、医療、教育サービスの提供に努め、「朝食および昼食のサービスを受ける児童生徒の数も大幅に拡大された」（参考文献23、八二ページ）。

アメリカ系鉱山企業の国有化、民間銀行の国有化、労働者階級の企業経営への参加なども新政権の公約であった。しかし、国有化をめぐって国会内での野党の妨害工作が盛んになり、国会外でも反対運動が起こりはじめた。反人民連合の諸政党は、意図的に経済を混乱させて危機をつくり出そうと狙い、ストライキやデモを扇動した。ストライキやデモの担い手といえば、普通は労働者階級だが、チリでは裕福な家庭の主婦まで巻きこみ（食料不足に抗議するために「カラ鍋」を叩くなど）、自営業者などまでが反政府デモを行っている。

実際、一九七二年、一九七三年のGDPの成長率はマイナスになった。「物資不足に加えて、公務員の増加、社会保障支出の拡大、民間企業の国営化などにより財政赤字が拡大」（参考文献52、六〇ページ）したことから、インフレ率が一九七三年には五〇八パーセントにまで高騰した。

（2）犠牲者数については諸説がある。一七年間のピノチェト独裁体制下で、三二〇〇人が政治的理由で殺害され、一二〇〇人が行方不明になり、二万八〇〇〇人以上が拷問を受けたと、RT（旧『ロシア・トゥデイ』ブログ）のチリ革命五〇周年記念にあたっての記事）は伝えている。

チリの主要な輸出品である銅の価格が下落したのも痛手となり、国際収支は危機的状態に陥った。そのうえ、土地や企業の接収、銅山の国有化は、国内外に多くの敵をつくり出す契機ともなった。

それでも、一九七三年三月に行われた国会議員選挙では、予想に反して人民連合は四三パーセントの得票率で、与党が議席を増やしている（ただし、過半数がとれなかったために、議会運営は厳しさを増した）。この結果から判断するかぎり、民衆はアジェンデを見捨ててはいなかったと言える。議会と政府との争点をめぐってアジェンデが国民投票の実施を決定すると、一九七三年九月一一日、軍事クーデターが起こったのである。

アジェンデが政策にこめた想いはシンプルであった。ロシアの科学アカデミー・ラテンアメリカ研究所政治研究センターのズビグネフ・イワノフスキーは、ＲＴ（旧『ロシア・トゥデイ』ブログ）のチリ革命五〇周年記念にあたってのインタビューに答えて、次のように述べている。

「アジェンデは工業を国有化し、貧困と闘い、恵まれない住民層のための政策を行いました。これは外国の会社からも、裕福なチリ人からも不満を招くことになりました」

アジェンデ政権による「チリの実験」は、約三年で幕を引くこととなる。それでも、教訓やプラスの遺産を遺したように思われる。その一つが労働者の自主管理である。資本家が工場経営を放棄したところでは「生産管理委員会」が立ちあげられ、労働者が工場を管理し、流通の方法をつくり出し、トラック業者のサボタージュにもめげずに配送の方法を生み出している（ドキュメンタリー映画『チリの闘い』一九七五年〜一九七八年。井野茂雄「ドキュメンタリー映画『チリの闘い』について」、『社会評論』二〇一九年冬、四〇ページ参照）。

短い期間ではあったが、「人々が生産手段を自律的・水平的に共同管理する」という「コモン」の理念（参考文献22、二五八ページ参照）が実践され、その意味でコミュニズムの萌芽が生まれたとも言える。人民連合が国家権力を握って国有化を進めることと並んで、資本家の工場放棄への対抗という特殊な形態ではあれ、こうした労働者からの社会化が試みられたことは特筆されてよいであろう。

確かに、アジェンデを翻弄する材料はありすぎた。政権内部の不協和音、中間層やキリスト教民主党とうまく折り合いをつけなければならないという与党の脆弱さ、民主的な社会主義政権の名に恥じない経済回復策を打たなければならないという使命感、その一方でモノ不足や物価高など、アジェンデは手詰まり状態であったと思われる。

政権内部で政策の設計に関与したガルセスが、詳細なデータに基づいて「チリの実験」の挫折原因を分析している本が先に挙げた『アジェンデと人民連合』であるが（一九九ページ参照）、その訳者である後藤政子が「訳者あとがき」において、ガルセスが明らかにした挫折の原因を端的に整理している。

①アメリカの干渉政策
②それに呼応した国内保守派の撹乱工作
③軍部、中間層の政府からの離反と反動化
④アメリカや保守派の政策に対する人民連合側の対応のまずさ
⑤人民連合内部の不統一（前掲書、三五九ページ）

後藤は、これらの原因のなかでもっとも決定的であったのはアメリカの干渉で、内部からアジェンデ政権が崩れるように仕組まれた筋書きのとおりに事が運んだと考察している。「経済的従属国の社会変革の難しさをみることができる」とは、彼女の見解である（前掲書、三六〇ページ）。

アジェンデ死後のチリ――ピノチェト軍事政権の一七年間

ピノチェト（七八ページ前掲）が大統領となり、軍事政権がスタートした。ここで、チリの歴史的伝統とされた議会制民主主義が終焉を迎えた。軍事政権は一七年間続くが、その前期（一九七四年～一九八一年）においては、為替の自由化、外国投資の誘致、大規模な民営化などといった経済改革が実施された。

チリの自由化政策を推し進めたのが、通称「シカゴ・ボーイズ」である。アメリカのシカゴ大学経済学部でミルトン・フリードマン（Milton Friedman, 1912〜2006）に学んだマネタリスト(3)たちの総称である。彼らはシカゴ大学に留学し、帰国後、ピノチェト政権の経済テクノクラートとして新自由主義経済政策を支えた。弟子たちの活躍にフリードマンは至極満足し、ピノチェトの政策を「チリの奇跡」とまで高く評価したほどである（参考文献52、六六ページ参照）。

ピノチェトによって、アジェンデ政権のもとで接収された土地や資産が返還された。インフレ率は低下したが、経済政策がすべてうまくいったわけではなく、バブルの崩壊で銀行は不良債権を抱えこみ、有力企業グループの多くが危機に陥った。一九八二年の失業率は二〇パーセントに達し、貧困層が拡大した（参考文献52、六四ページ参照）。

同政権の後期（一九八二年〜一九八九年）には、さらに公営企業の民営化、年金、医療保険、教育部門での民営化などが実施された。

私は二〇〇六年にサンティアゴで教育調査を行ったが、ピノチェト政権の教育改革の評判はひどく悪かった。学長が軍事政権によって任命され、軍人が学長になることもあったという。政権による統制・弾圧は大学によって異なり、政治色の薄いカトリック大学への弾圧は小さかったが、

（3）　裁量的な経済政策を疑問視し、通貨供給の調節などもっぱら経済の貨幣的側面を重視する経済学の一派に属するエコノミストのこと。

政治への関心が強い教師と学生が多いチリ大学（大統領のほとんどを輩出してきた）は軍による統制を厳しく受けていた。そのために亡命者も多く、知的人材の流出が起こっていた。

初等・中等教育でいえば、軍事政権下では子どもは労働力と見なされ、学ぶことは贅沢とされた。だから一九九〇年の民政移管後の教育改革の課題は、すべての子どもたちに、平等で同じ質の教育が受けられる権利を保障することであった。

ピノチェト政権を支え、ネオリベラリズムを推し進めたシカゴ・ボーイズは、いまだに政治・経済で影響力をもち続けているという。

小松左京、サンティアゴを行く

社会主義時代のチリにおける市民生活はどのようなものであったのだろうか。それを知るためには、小松左京（一九三一〜二〇一一）が著した『歴史と文明の旅（下）』（文藝春秋、一九七三年）が参考になりそうだ。下巻はオランダ、カナダ、エジプト、タンザニア、ブラジル、チリの旅行記で、上巻はロシア、タイ、スイス、ヴァチカン、オーストリア、トルコを扱っている。一か月に平均二か国を回り、一九七一年九月から一九七二年一〇月までに一二か国をめぐっている。

この本の「あとがき」によれば、外務省、各国日本大使館、ＪＥＴＲＯ、商社、各国日本人会、現地居住者からの協力を得たそうだ。チリに到着した際には、サンティアゴ空港に日本大使館の参事官が出迎え、通関などを手伝っている。こうした協力者のおかげか、当地の経済事情についても詳細なデータが得られ、旅先でも研究に余念がなかった。チリの歴史や地理についても、よく調べたうえで丁寧に記述されている。

小松がチリに入国したのは一九七二年一〇月だから、経済が悪化し、市民の生活が苦しくなったころである。端的にいって、チリに関する小松の旅行記はひどく辛口である。「補遺」によれば、小松は民主的選挙で成立した社会主義政権に一種の「期待」をもって入国したようで、その「期待」の裏切られ方が半端ではなかった、というわけである。

まず、小松が我慢ならなかったのは物価高と品不足、そしてインフレ。ホテルもタクシーもハイヤーも恐ろしいほど高い。ホテルの朝食のメニューは食材が乏しく、貧しい。豚肉と鶏肉だけで、魚や牛肉がない。市内でも慢性的な品不足で、店に入荷があると行列ができる。店先から肉類、砂糖、バターが消えはじめている――となると、闇の売買を想起するわけだが、当然、日常品の闇値がまたすこぶる高いという。闇ドル買いが横行するという闇市場……。

小松にとって衝撃的であったのは、「中南米諸国でもっとも白人系が多く、かつ『おっとりと、人柄がいい』

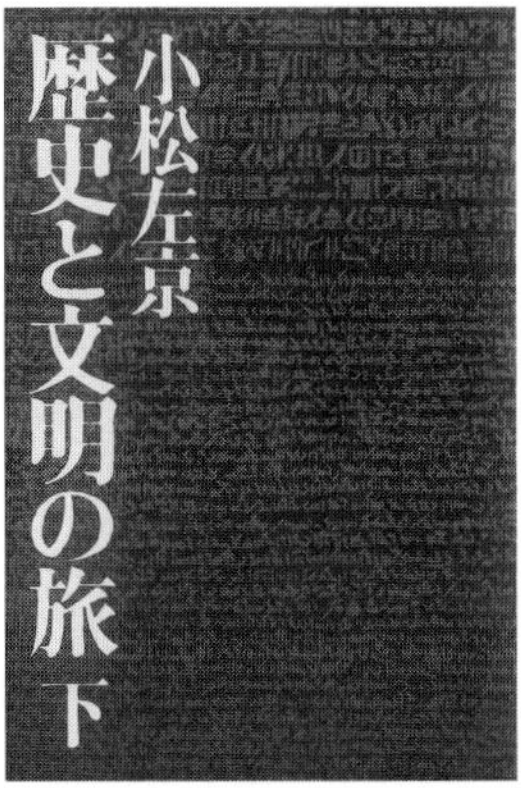

『歴史と文明の旅（下）』

といわれるチリの人々の顔には、政治、経済の動向を見失ったためであろう、暗いつきつめたような、不安の表情があらわれていた」（参考文献20、二一六ページ）ことだった。

新政府は、「接収」という形で企業不安を助長している、と彼は見ていた。農地改革で大土地所有者から土地が接収され、「一九七一年の農業生産は伸びた」と省庁は発表するが、実際のところ農業生産は落ちこんでおり、これまた減少を続ける外貨準備を切り崩しても食料を輸入しなくてはならない状態であった。

短期間の滞在ながら、小松は社会の姿を以上のように鋭くえぐっている。「補遺」を読むと、「政情不安下の人々の、なにかに脅えたような眼」が彼の心に深く刻みつけられたことが分かる。さらに、何度も人びとの「脅え」、しかもその重層的な脅えが言及されている。職を失うのではないかと脅える教授、店や農場を接収されるのではないかと脅える人びと、こうした事態を語ることで密告されはしないかと脅える人びと……。

実は、小松はチリが好きなのだ。「一度の訪問で、チリという国がすっかり好きになっていた」、「チリは、中南米でもっとも教育程度が高く、中産階級化が進んでいる、といわれただけあって、その国民と生活の中にただよう、一種の優雅さが私を魅了した」（参考文献20、二三八ページ）と書かれている。だから、その国をめちゃくちゃにしつつある「マルキスト」蔵相ブスコビッチ（Pedro Vuskovic, 1924～1993）とアジェンデは許せない——こうした気持ちが文章からにじみ

ミニ知識　新自由主義と今

アジェンデ政権を軍事クーデターで崩壊させ、権力を掌握したピノチェトがアメリカの支援のもとに採用したのが、「シカゴ・ボーイズ」を中心とした新自由主義に基づく経済政策であった。

2021年12月19日、チリでは大統領選挙の決選投票が、右派連合のホセ・アントニオ・カスト（Jose Antonio Kast）と左派連合のガブリエル・ボリッチ（190ページ前掲）との間で行われ、ボリッチが勝利した。

チリの抱える深刻な問題は、新自由主義経済政策の結果生まれた貧富の差の拡大であると言えよう。カストは、新自由主義政策を推し進めたピノチェト元大統領を擁護していたが、他方、学生運動出身のボリッチは、社会格差の是正を求める国民の声に応えようとしている。人権の尊重を掲げる弱冠36歳（就任時）の新大統領のもとで、医療や福祉、教育の分野が改善されるだろうか。2022年３月からの４年間に注目だ。

出ている。

おこがましくもひと言コメントを加えれば、政情不安のなかで「接収」に脅えていたのは、主に大企業家や大土地所有者、アメリカ系鉱山企業およびそれらと協力関係にある資本家たちである。彼らが不安を募らせ、怯え、怒っていても不思議ではない。物資不足やストライキといった政情に一般の人びとも不安を抱いていたことであろう。それでも多くの人びとがひたすら「脅え」ていたとしたら、一九七三年三月の選挙で与党が議席を増やすことはできなかったと思われる。

小松は、社会主義とか修正資本主

義とかが問題ではなく、「政策技術」的問題だ（参考文献20、二一八ページ）と、怒りにも似た意見を吐露している。アジェンデ政権の経済政策の不備は否めないが、たった二年半で成果を出すのもまた至難の業と言えよう。何より、暗転の背後には強大なアメリカの力が控えていたのだから。

手紙——追伸

チリはいいところですね。パパは気に入っていたようですが、先の手紙に記した五木寛之も、今回のレポートに登場した小松左京も、チリの人びとや自然が好きであったようです。小松は、再三チリ人の「人柄のよさ」に言及しています。

「景色は美しく、気候はよく、豊かな鉱物資源にめぐまれ」とか「何ともいえぬおっとりとした、人柄のよさがある」と書いています（参考文献20、二三五ページ）。私も、短い滞在ながらそのように感じました。

ガツガツしたところがなく、都会人特有の一種の冷たさもなく、人びとはゆったりと育ったようなおおらかさを感じさせます。東方をアンデス山脈に護られ、北は山地とアタカマ砂漠、南は南極に近い。こうした自然条件も、チリの人びとに安心と安定をもたらしたのかもしれません。

　硝石や銅などの自然資源に恵まれ、経済もブラジルとアルゼンチンに並んで発展してきました。人びとが明るくて穏やかなのは、すがすがしい空気と、アンデスの峻厳《しゅんげん》ながらも鷹揚な自然に囲まれ、歴史を刻んできたからでしょうか。とりわけサンティアゴは、晴天も多く、乾燥していて実にさわやかです。

　とはいえ、サンティアゴも都市化の影響で、車の排気ガスなどによる大気汚染が厳しいと聞きます。アンデス山脈と海岸山脈に挟まれた盆地にサンティアゴは位置しているので、空気が淀みがちになるのでしょう。人口がサンティアゴに集中しすぎていることも、生活排水の問題なども含む都市環境の悪化を招いたと思われます。

　根本的な課題は、格差の是正ですね。第三八代大統領ボリッチ（一九〇ページ参照）が解決しなくてはならない難問です。

　サンティアゴ散策をもう少し続けてみます。

第4章 民族と格差の問題

サンティアゴだより（３）――高校生の抗議運動

ラテンアメリカの抱える問題の一つが「教育」である。識字率は向上したが、「教育の質」がなかなか高まらないのだ。ＯＥＣＤが行うＰＩＳＡ（学習到達度調査、二〇一八年）によれば、チリは、ラテンアメリカの参加一〇か国のうち、読解力と科学的リテラシーの分野で最高位なのだが、その順位は四三位と四五位と高くない（参考文献10、一五四〜一五五ページ参照）。キューバを除けば、ラテンアメリカ諸国は、国際的な学力基準では振るわないというのが現実だ（なお、『世界がキューバの高学力に注目するわけ』［築地書館、二〇〇八年］を著している吉田太郎によれば、キューバは、ユネスコによってフィンランドと並ぶ教育モデルをもつ高学力国と評価されているとのこと）。

ラテンアメリカ諸国にとって、教育の質の向上と並んで重要なのが「教育の平等化」である。階層や居住地や民族などの違いによる教育機会格差の解消、さらに先住民への異文化間二言語教育の実施などが課題となっている。

「教育の平等化」は、貧困問題の解決および先住民対策と直結する。低所得世帯を対象にした「条件付き現金給付プログラム」が、一九九〇年代までにはメキシコ、ブラジルなどと同じくチリでもはじまっている。先住民人口や先住民集団数の多い国では民族運動によって後押しされ、二言語教育などが実施されているが、こうした政策は依然として先住民集住地区での実施が大半である（参考文献10、一六六ページ参照）。

こうなると、大きな先住民集団が少ないチリでは、とくに都市などに暮らす先住民の場合、その存在が教育政策の対象として配慮されることはあまりない。

サンティアゴにおける民族と格差という問題の実際を教育現場から具体的に見てみたい。

教室の様子（撮影：藤枝康子）

父への手紙

パパの影響でしょうか、国内外の旅先で鉱石を展示する博物館があると立ち寄らずにはいられません。専門的知識の欠片もないのに……。日本国内のある博物館は、開館時間にもかかわらず消灯していました。それほど見学者が来ないのです。そこに訪れた私のために、係の方が照明をわざわざつけてくださいました。本当は何も分からない私のために、申し訳ない気持ちになりました。

同様に、自然石でつくられたアクセサリーがあると、これまた買わずにはいられません。チリと言えば、そうそうラピスラズリですね。深い青色が神秘的な宝石で、日本では「瑠璃《るり》」と呼ばれ、仏教の七宝の一つとされています。名称をたどれば、アラビア語にいきつき、「群青の空の色」を意味しているようです。

私がロシアのバイカル地方を旅したときにも土産屋で見かけましたが、産地として有名なのはアフガニスタンで、チリもよく知られていますね。「パワー・ストーン」とも言われています。宝石とはいっても安いので、アクセサリーをいくつか買い求めました。友人とともに「民芸品村ロス・ドミニコス」を訪れたときのことです。

民芸品村の敷地は広く、そこにマプーチェ（アラウカ族、チリ南部の先住民）の民芸品や北部種族の織物やラピスラズリ、革製品などを商う古民家造りの店が軒を連ねていました。その数、一六〇店舗もあるでしょうか。村の入り口には小さな広場があり、週末には独立記念日に行われるダンスなどのショーもあるそうです。

公園の小さなブロックの名前に先住民族の言語が使われるなど、チリ人のアイデンティティの基層には先住民族が位置づいていることが感じられます。しかし、先住民族といっても、アステカやマヤといった大きな文化をもった民族ではありませんし、また混血者の数もメキシコのようには多くないようです。白色化がチリの特徴の一つとなっていますが、サンティアゴ市内の清掃などは先住民が担っていました。民族間の関係はなかなか複雑なようです。

パパの手記には先住民やその文化についての記述がありました。チリ人とは「誰か」、「伝統とは」とついつい考えてしまいます。

旅行者としてサンティアゴの日常の表層に浸れば、すばらしく穏やかで気持ちがいいのですが、平穏さの背後に潜む亀裂もいささか感じられました。それでは、どこで亀裂を感じとったのか。学校教育に注目して読み取ってみようと思います。サンティアゴ市内の学校見学などの模様も交えながら、民族と格差の問題について愚考してみます。その結果ですが、いつものようにささやかなレポートにして送ります。

民芸品のリャマ

チリ・レポート（３）――サンティアゴのもう一つの顔、民族と格差

チリ人とは？

チリ人は実直で謙虚だ、と言われる。その性格が功を奏して、経済を向上させたようだ。アルゼンチン通の友人の話を聞きながら思ったことだが、チリの人びとは、アルゼンチン人のように弾けることもなく実直に上を目指すが、思い詰める様子はなく、生活を楽しみながら伸び伸びとしている。休日の過ごし方も、家族で和やかに、あるいは親族を大事にして集い、会食を楽しんでいる。はたまた健康志向で、マウンテンバイクやジョギング、ウォーキングに興ずるといった具合だ。

でも、そのチリ人とはどういう人のことだろうか。チリも、メキシコと同じくスペインによる植民地化を経験したうえ、一八一八年に独立した。メキシコでは征服者社会の混血化が進んだが、チリ、アルゼンチン、ウルグアイでは先住民社会が小規模で、独立後に先住民狩りが行われたほか、「イタリア系・スペイン系・ドイツ・東欧系の移民が大量に導入され、徹底した白色化が進展」（参考文献40、二二一～二二三ページ）したという。また、「清水［透］氏によれば、スペインの植民地時代の名残がほとんど認められない、ラテンアメリカでもっとも西欧化した地域」（参考

文献40、二三ページ）とのことである。

メキシコ・シティとサンティアゴを比較すれば、後者の白色化は歴然としている。マプーチェの古老に聞き取りをしたラウル・スリータ（一八二ページ参照）は、古老の言葉を引いている。

「独立後のチリ共和国政府が、我々マプーチェに対して弾圧し続けてきたという悲劇の歴史が、厳然としてあることを忘れてもらっては困るんだよ」（参考文献24、二七四ページ）

これが、白色化の影の物語ではないだろうか。

ちなみに、二〇一二年のデータによると、人口の民族構成は白人とメスティーソで八九パーセント、少数民族が一〇・八パーセント、その内訳は、マプーチェ（アラウカ族、チリ南部の先住民）が九・一パーセントを占める。チリ政府は、そのほかに、アイマラ（マプーチェに次ぐ第二の先住民、北部アンデス山脈山岳・山麓地帯）、ラパ・ヌイ（イースター島）、ケチュア（北部アタカマ地方）など、八つの民族の存在を認定しているという（「サンティアゴ案内」在チリ日本国大使館、二〇〇六年、参照）。

「チリ・レポート（1）」（一七七ページ）で触れたように、詩人ネルーダも、マプーチェをチリ人の祖先と見なし、「わがアラウカの祖先たちは……」（『大いなる歌』）と詠《うた》っている。独立記念日にはチリの南部を代表するかのごとく、マプーチェの踊りが式典のプログラムに掲載されている。

でも、いくつかの学校調査を行ったところ、ネルーダの言うチリ人の祖先の子どもたちが、実際はいじめられていることが分かった。

都市で暮らす少数民族の生活は、正直、苦しい。大都市サンティアゴに住むマプーチェは決して少なくない。学校において、その彼／彼女たちがいじめられることがあるというのである。さすがに暴力はないが、言葉のいじめによって心が傷付けられる。そのために登校拒否となり、学校を辞めてしまう場合もあるという。

そうなると、身につけるべき学力をもたず、社会に放り出されることになり、その後の自立が困難となり、貧しい生活を余儀なくされてしまう。何よりも、誇りがもてなくなる。これが問題であるとし、誇りを取り戻す教育、異文化間教育が必要だ、とある教育者は言っていた。

チリの国民的なダンスは「クエッカ」と呼ばれ、その衣裳は、ワンピース、ベスト、ブーツと西洋風である。ダンスでは靴で音を出す部分があるが、これはスペインからもちこまれた流儀であろう。クエッカの原型は、植民地時代にスペインから入ってきたという説が説得力をもっているように感じられる。

チリの伝統の基層には先住民族の文化が位置づいているが、実際にはクリオージョ（アメリカ植民地生まれのスペイン人、原住民化したスペイン人）の文化が伝統と見なされているのではないだろうか。

民族問題ともかかわる指数を見てみよう。

イギリスのエコノミスト誌傘下の研究所である「エコノミスト・インテリジェンス・ユニット」が定期的に発表している民主主義指数（二〇一九年）のデータによれば、一六七か国中、ウルグアイが一五位、コスタリカが一九位、チリは二一位となっている。ちなみに、日本は二四位、アルゼンチンが四八位、ブラジルが五二位である。この指数は、選挙手続きと多元性、政府の機能、政治への参加、政治文化、人権擁護（市民の自由）の部門の評価結果に基づいて定められている。

指数上では、チリは政治体制として民主主義と評価されているが、先住民の生活や立場を見ればひどく険しい。

マプーチェは「居住権を要求」し、民族の独自性を主張するとともに、文化伝統の尊重を訴えている（参考文献47、二四二ページ参照）。先住民はいつも貧しい層を形成しながら、チリ人になくてはならないアイデンティティのコアを保証しているのだ。

クエッカ　©Leonard G.

格差問題

ラテンアメリカでは、一人当たりの収入に大きな格差がある。国家間でＧＤＰに差があり、国内の不均衡も大きい。

ちなみに、二〇二一年発表のＩＭＦのデータによれば、ブラジルのＧＤＰは一三位、メキシコは一五位、アルゼンチンは三二位、チリは四三位、そしてコロンビアは四五位となっている。また、一人当たりＧＤＰでは、ウルグアイの五〇位に続いてチリは五九位となり、コスタリカが六二位、アルゼンチンが七六位、メキシコが七七位、ブラジルが八八位、ペルーが九一位と続いている。日本はといえば、二四位である。

ラテンアメリカでの経済発展において、チリはそれなりの位置を占めている。しかも、二〇〇八年の世界的な経済危機のときも、蓄積された外貨準備高に助けられ、危機を最小限に食い止めることができた。二〇一六年における信用格付けでも「AA-」となっており、この地域でもっとも高い信用力を維持している。

だが、国内の不均衡は大きく、人口の一パーセントでしかない富裕層が富の二五パーセントを得ているとのことである（二〇二二年、ＢＢＣネットニュース、一月八日）。ウルグアイとチリは、「貧困との闘いにおけるラテン・アメリカの二大チャンピオンだ」（参考文献35、六八ページ）と言われているのだが……。

ラテンアメリカ全体で二〇〇〇年代に貧困層と極貧層が減少した。チリでも貧困線以下で暮らす人びとの割合が激減し、ウルグアイとともに極貧率も低いが、二〇一九年のOECDデータでは、ジニ係数[1]は0.46（第四位）と、かなり不平等な国であることを示している。ちなみに、ブラジルが第二位で0.48、メキシコが第五位で0.42、日本が第一五位で0.33、アメリカは0.40で第八位である。ほどほどの経済発展も、すさまじく大きな格差も、新自由主義の申し子とも言えるチリならではである。

こうした格差問題が、如実に教育現場にも影を落としていた。教育調査を行った二〇〇六年のことだが、高校生による学校のバリケード封鎖に出くわした。日本の大学紛争時によくあった、あのバリケード封鎖である。サンティアゴでの運動のピークは過ぎていた（一例を挙げれば、ある学校では二〇〇六年六月に寮生たちが学校を封鎖して、一二日間学校を占拠したという）が、まだバリケードが残っている学校を訪問した。この程度のバリケードでは、権力側がその気にな

（1）所得分配の不平等を測る指標で、0～1の間で数値が高いほど不平等の度合いが高い。

バリケードが残る農業高校（撮影：藤枝康子）

れば簡単に突破されてしまう。学園紛争世代の筆者からすれば、そうした代物に見えてしまったが、学生たちはいたって真剣であった。とはいえ、運動のピークが過ぎたためか、どことなくのんびりとしていた。

チリは、ゲリラ組織やマフィアが少ないという意味では、ラテンアメリカのなかで「おとなしい」国と言える。そこで勃発した高校生の抗議活動が、バリケード封鎖にまで及んだのだ。しかも、生徒たちがマスコミの取材や記者会見で堂々と、かつ整然と意見を述べている。これには、さすがに驚いた。

「背後には左翼政党がいる」といった意見も耳にしたが、運動の広がりは大きく、富裕層の子どもが通う私立校（トップ10に入るエリート校）の生徒たちも抗議行動に共鳴し、連帯を示して集会をもったという。もっとも、その私立学校の校長は私のインタビューに答えて、一種の「流行」で「危険だ」と、抗議運動に対しては否定的であった。

この私立校の校長などの管理職者によれば、抗議の内容は、通学バスの無料化、学費の無償化などを求めていたとのことである。経済格差の耐えがたい状況が高校生を突き動かしたわけである。

「抗議活動は当然だ」と言いきる校長もいた。大学入試に費用がかかるといった状況が教育の不平等を再生産してきたわけだが、「この抗議活動によって今後は無料となるらしい」と、その成果を語っていた。

高校生の抗議活動は、言うなれば、ピノチェト時代（七八ページ参照）の教育政策が及ぼした影響（新自由主義政策でつくり出された格差と教育の質の低下）が清算されなかったことにたまり兼ねた生徒たちの不満が爆発した結果である。

機会に恵まれ、教育省でも生徒たちの抗議行動をめぐる意見を尋ねているが、返ってきたのは意外にも前向きな反応であった。ピノチェト時代が終わり、民政移管後一七年間も教育にかかわる法の改正ができなかった、というのである。また、改革には議会の半数の賛成が必要なのだが、「ピノチェト軍政寄りの議員もいて、うまくいかなかった」と言っていた。

政治対立の根強さが垣間見られた。教育省の官僚が言うには、高校生の抗議は教育の質の低さを突き、教育の制度・政策の新しい方向づけを求めているとのこと。ピノチェト時代の新自由主義的政策のもとでは、資金さえあれば学校が設立でき、生徒数が多ければたくさんの助成金が得られたため、金儲けの手段としての学校経営に乗り出す人がいたそうだ。

学校を訪問し、現状を調査したところ、「ピノチェト時代につくられた教育の不平等問題が実感される」と教育省の役人は率直であった。そこで、すべての政党、宗教機関、大学生、高校生、これらの各層の代表者からなる「国家委員会」が円卓会議の形態で立ちあげられ、「法律改正の方向が決まりそうだ」と二〇〇六年の訪問時には語られていた。

となれば、高校生の抗議運動はより質の高い教育づくりに貢献することになる。そのことを教育省が認めている。何とも妙な気がした。

一方、カトリック大学での聞き取りでは、次のようなことが話された。

「高校生の抗議活動は教育改革を求めているが、その背後には社会的な格差の問題がある。豊かな家族は子どもを私立校に行かせ、大学入試に備え、子どもの未来が開かれるが、貧しい家族の子どもには大学進学は閉ざされているのも同然だ。この不平等を高校生たちは断ちたいのだ。高校生の抗議運動は確かに珍しい。これまでは、学生運動といえば大学生のものであったから。そもそも抗議行動自体は、チリでは伝統的なものであり、軍事政権によって封じこめられていただけだ」

チリの「伝統」が、久しぶりに高校生によって蘇ったと言わんばかりである。

高校生の抗議運動が起こったのは一〇数年前だが、今なお深刻な格差問題とかかわる出来事なので、教育史的な意味もあろうかと、いささか立ち入って書き残してみた。

さらに、二〇〇七年には学生運動が活発化し、学生が学長室（チリ大学）を占拠するという事件が起こった。こうした背景のもと、ミチェル・バチェレ大統領（一九五ページの表参照）は、大学教育の近代化などの教育政策に力を入れた。そして、バチェレ政権下のチリは、ＯＥＣＤによる生徒の学習到達度調査（ＰＩＳＡ）において、ラテンアメリカのトップに躍り出た（参考文献15、一八八ページ参照）。しかしながら、喜んでばかりはいられない。前述したように、ＰＩＳＡへの参加五七か国中、チリは下位に低迷しているからだ（二一四ページ参照）。

二〇〇九年に大統領に就任した、中道右派のセバスティアン・ピニェラ（七四ページ参照）は言う。

「チリだけでなく、ラテンアメリカの多くの国のアキレス腱となっているのは、一方では教育の質の低さであり、他方では教育の不平等です」（参考文献15、一九〇ページ）

生徒・学生の社会運動に言及したわけだが、付け加えれば、運動という「伝統」は、二〇二一年の大統領選でも生かされたようだ。同年一二月の大統領選では左派のガブリエル・ボリッチ（一九〇ページ参照）が勝利したが、この勝利への流れをつくったのが、二〇一九年にはじまった格差是正を求める社会運動であった。

学校パラダイス

学校見学をして、すこぶる大きな格差を痛感した。二つの学校を訪問したが、一つは貧しい地区で奮闘する校長の率いる学校、もう一つは、いわばパラダイスのような学校であった。

前者の学校（一九七二年創立の公立校、生徒数一一六〇人、教員五一名、職員四名、ガードマン二名）はフェンスで囲まれていた。抗議活動によるバリケードではなく、「治安がいい」とは言いがたい地区にあるからだ。その周りには、貧しい人びとの集合住宅があった。

校長にインタビューしているさなか、電話がかかるやら、犬の鳴き声や人の大声が聞こえるやら、なかなか騒々しい環境である。電話は生徒の親からで、「自分の娘が親戚から襲われた」というものであった。こうした親からの電話は「めずらしくない」と校長は言う。

教室を見学した。子どもたちは制服を着ているものの、貧しい印象は否めない。でも、くったくのない笑顔と、元気で明るい振る舞いが教室と学校に活力を与えていた。

教育熱心な校長（校長として着任したばかりで、六年生の歴史を担当）は、一人ひとりの子どもに親しく接し、一人ひとりの要求を受け止めることをモットーにしており、実際、すべての生徒ににこやかな表情で対応していた。

校長が「教育の質を上げて、生徒に学力をつけ、社会上昇を果たさせたい」と言うこの学校は、「階級上昇の通過点となりうる」と懸命であったが、どうも、これはかなり難しいと言わざるを得ない。何しろ、二〇〇六年当時、この学校は三部制であった。四歳児（就学前クラス）から八学年までが、午前、午後、夕方に分かれて学習をしていた。さらに、夜の七時二〇分から一〇時四五分まで成人が学んでいた。

ちなみに、チリの教育体系は、八年間が基礎（初等）教育、続く四年間が中等教育、その先に高等教育が接続している。言うまでもなく、初等と中等教育が義務教育である。

一方、パラダイスのような学校は、サンティアゴ市内を一望できる高台にあった。ここはカトリック系の私立学校である。校長室からの眺めは息を呑むようなすばらしさ。アンデスの峻嶺がくっきりと清らかな姿を見せ、その神々しい美しさに声も出なかった。玄関前に車の列があったので「何か？」と思うと、子どもを送ってきた親たちの車であった。

生徒数が八〇〇人、就学前クラス（二年）、初等教育（八年）、それに中等教育（四年）の一貫校である（現在の学校が設立されたのは一九九七年だが、その前身は一九一五年の創立であると聞いた）。教師は八〇人で、インフラについても、これまた見事のひと言であった。生徒用の食堂は衛生的できれい。体育館は広く、父母用の観覧席まで整備されていた。さらに、二〇〇六年段階で無線ＬＡＮがどこでもつながる環境であった。また、建物の窓も大きくて明るく、気持ちのよい学舎であった。

パラダイスのような学校（撮影：藤枝康子）

管理職曰く、「この学校に必要なものでないものは何もない」。たしかに、どこを見ても完璧なインフラであった。

卒業生の一〇〇パーセントが大学に、しかも名門中の名門であるチリ大学やカトリック大学に進学しているとのこと。入学試験を経て、学習障害をもつ子どもたちも学んでいる。優秀校なのだが、学内ですれ違う生徒たちはにこやかで、穏やかであった。

世界各地のエリート校を見学してきたが、そうした学校の生徒は概ね礼儀正しく、利発だが、幾分冷めているうえに大人びていた。正直に言うと、いささかかわいさに欠けるのだ。ところが、この学校の子どもたちは、礼儀正しく、かつ溌剌とにこやかで、年齢相応にかわいい。つまり、ごく普通の子どもたちで、冷めたところがなかった。エリート校の生徒像が覆され、私はうれしい驚きを感じた。

本校の教育目標は、第一に「確かな学力をつける」、第二に「人格形成」とのこと。就学前段階で識字能力をつけさせ、卒業までに堪能な英語力を習得させ、コンピュータをマスターさせる。ひと言付け加えれば、卒業までに親が子どもに海外経験を積ませるそうだ。

人格形成は、一つにはカトリックの教え、二つには情操教育で、「共存」、「友愛」、「連帯」といった普遍的な価値を教えている。ちょうど、この情操教育の一環として、子どもたちがバスに乗って三日間のキャンプに出掛けるところであった（前ページの写真参照）。いかにも楽しそうだ。こうした課外活動を組みこむといったカリキュラム上の工夫ばかりでなく、心理学者が常に子どもたちの心の問題に対応しているとのことであった。

入学試験に際しては、父母面接を行っているという。保護者はというと、医者や大学教授などの上層階級[2]で、家族の知的水準が高いため、学校に求めるのは、アカデミックな力の向上よりも情操教育とのことであった。

度肝を抜かれるような見事な施設・設備、優秀でありながらも育ちのよさを感じさせる穏やかでかわいい子どもたち、そしてゆとりある表情の教師たち――今までに見た世界各地の学校のなかで「最高」と言える。

身内に子どもがいたら就学させたい、と初めて思った学校でもあった。しかし、ここは、経済的に「超」恵まれた保護者が支えている別世界であることを忘れてはなるまい。

学校からサンティアゴ市内への帰路、周りを見れば、平屋の豪邸、二階建ての豪奢で落ち着いた住まい、庭も広く、家屋と家屋の間は十分離れていた。

ちなみに、サンティアゴ高地地区で生まれた子どもは、この地区の幼稚園に通い、この地区の

（２）上位一〇パーセントの階層の人びと。共働きの多いサンティアゴだが、当時、生徒たちの母親はほぼ専業主婦であった。

学校で学び、さらにはこの地区の大学に行き、ここでオフィスを構える、という（参考文献15、一七六ページ参照）。別の階層の人とは付き合わず、上層階層が再生産されるというわけだ。これも、チリのもう一つの顔ということか……。

その後の教育政策の動向を追ってみた。上記の生徒たちの異議申し立てを受けて、当時のバチェレ政権をはじめとするコンセルタシオン政権（反軍政諸政党の連合体、「民主主義を希求する政党協約」）は教育無策という批判を克服しようと腰を上げた。二〇一〇年には教育予算が三倍になり、授業時間も増えたという。

ようやく教育改革法が制定されたのが二〇一五年である。とはいえ、新自由主義派の抵抗が依然として強く、成果は「助成校の授業料徴収の漸進的廃止と補助金の増加程度に」とどまった（参考文献21、三一四ページ参照）。

手紙――追伸

サンティアゴでの学校訪問では、とんでもない「貴重な」場面に出くわしてしまったようです。私が一部目撃した高校生による学校封鎖は、新自由主義による教育の自由化・商業化がもたらした教育の質の低下に対する初めての、高校生自身による異議申し立てであったわけです。ピノチェトによる軍政が終わっても、商業主義的な教育が改められることがない現実に対して業を煮やした高校生たちがついに立ちあがったその時期に、遅ればせながら（運動のピークは過ぎていましたが）立ち合えたことになります。

私が教育思想を研究するようになると、パパは「中南米の教育もおもしろい」と何気なく言っていましたね。当時、ロシア・ソビエトを研究対象にしていた私は、いささか中南米に興味を感じたものの、これといった先行研究に出合えず時間だけが過ぎていきました。今、チリについて調べはじめると、「教育とは何か」を多角的に考える契機に満ちていて、実に興味深く、パパが話してくれたことが頭の中で反響します。今にして思えば、もっとパパからチリの話を聞いておけばよかったと思います。

パパは、いつも私のことをおもんぱかって、本や雑誌を買ってきては、余計なことは言わずに渡してくれましたね。そのとき私は、すげない対応しかしなかった。役立つ書物や雑誌を見立ててくれていたことが分かったのは、パパが天国に旅立ったあとでした（ごめんなさい）。

さて、「サンティアゴだより」（手紙とレポート）もこれが最後になります。でも、チリへの関心はもち続けるでしょう。何といっても、パパの第二の祖国ですから。

追加レポート
――チリ革命と向きあった教育学者フレイレ

チリ革命に向かう過程を民衆目線で体験し、クーデター直前のチリを経験した人物を見つけた。軍部のクーデターで祖国ブラジルを追われ、チリに亡命した実践的教育学者パウロ・フレイレ（Paulo Freire, 1921～1997）である。アジェンデによる社会主義政権への平和的な移行を前にした一九六四年からチリでの亡命生活をはじめている。

パウロといえば、本書では四人目の登場となる（先に触れたパブロ・ネルーダ、パブロ・ピカソ、パブロ・カザルス。スペイン語でパブロ［Pablo］、ブラジルでの共通語のポルトガル語では「パウロ」となる）。

パウロ・フレイレ

フレイレは、チリ革命に向かう民衆の息吹を実感した人であった。一九六九年まで滞在し、一度チリを離れるが、アジェンデ政権期に二度チリを訪れ、クーデターが勃発する一か月前（一九七三年）にもチリを訪問し、民衆の生きざまを目の当たりにした。

パウロ・フレイレは、『新訳　被抑圧者の教育学』（三砂ちづる訳、亜紀書房、二〇一一年）で知られている。「生涯学習論」で有名なジェルピ（Ettore Gelpi）、「脱学校論」で知られるイヴァン・イリイチ（Ivan Illich, 1926～2002）と並ぶ、批判的で創造的な教育学者である。

チリでの経験が綴られているのは、『希望の教育学』（里見実訳、太郎次郎社、二〇〇一年）であるが、それを読むと、驚いたことにチリでの体験がなければ代表作『被抑圧者の教育学』を書けなかったことが分かる。そのことを、本人自らが告白しているのだ。

『被抑圧者の教育学』は、成人教育や識字教育にとってはもとより、教育学全般にとって問題提起的な書である。早い話、「教育」という概念をひっくり返したと言ってもよい。極々手短に説明すれば、これまでの、教師が生徒に知識を伝達する教育を「銀行型教育」と命名し、それを覆す「課題提起教育」を主張した。学習者が知識の量を預金高のように競う教育ではなく、教師と学習者たちとが議論・対話するなかでお互いの課題を解読し、その先を見通し（あるべき社会像を構想し）て行動につなげる、この過程が教育というわけである。

参考までに述べると、チリに滞在中の一九六七年に『被抑圧者の教育学』の執筆に取り掛かったフレイレは、チリでの日々は楽しかった、と述懐している。

チリでは、農業開発院の所長ジャック・チョンチョール（Jacques Chonchol・経済学者で二〇二三年現在九七歳）の補佐官として働くことになった。時は、エドゥアルド・フレイ（一九五ページ参照）のキリスト教民主党が政権に就いたころである。こうしてフレイレは、一九六九年まで「チリのイデオロギー闘争を身近に体験」することになる（前掲書、五一ページ参照）。
アジェンデ政権が誕生するのが一九七一年だから、その七年前、いわば社会主義政権誕生への動きが湧きあがりはじめたチリにおいてフレイレが注目したのは、政治闘争よりも民衆の動き、とりわけ学習活動であった。彼は、チリの民衆教育の現場である「文化サークル」に出掛け、「生き生きとした議論に参加」し、いつ終わるともしれない熱気に満ちた議論の場に身を置いていたわけだが、それが『被抑圧者の教育学』（一九六七年と一九六八年に執筆）で展開した諸理論の基盤になったという。

ある会合では、農民たちが自分の地域の問題やチリの問題を自分の言葉で分析しているのを目撃し、彼は鮮烈な印象を受けた。
「人びとの現実から出発して、人々の現実に立ち返っていく言葉、新しい世界を予見し構想する言語を獲得し、発展させること」（前掲書、五二ページ）
まさにこれが、希望の教育学の重要な課題なのである。

彼が注視したのは、アジェンデの社会党でもなければ、ネルーダの共産党でもなく、ＭＩＲ（Movimiento de Izquierda Revolucionaria）[3]であった。ＭＩＲは、スラム地域で組織づくり（政治＝教育的な性格の組織活動）に取り組み、民衆教育に熱心であったからである。

フレイレは、主に成人の識字教育、識字教育者の養成にかかわったが、先に触れたように、教師が知識を伝達するというスタイルを否定した。なぜ否定したかといえば、文字の読み書きを学ぶことは、世界を批判的に再読する、世界を書き直す、世界を変革する旅立ちである、と捉えたからである。

フレイレは、この考えのもと、チリで労働者や農民といった民衆の学習に加わっていくのだが、主に農民の文化サークルに参加することが多かったようだ。そうした農民たちの熱心な語らいと討論が、フレイレの思索を深く、そして強く刺激した。

フレイレは言う。教育者がとりうる方法は、被教育者（学習者）の「今」と「ここから」出発すること、学習者の現在のありようを受け入れること、学習者と一緒にその「未熟さ」を批判的に乗り越えていくこと、だと（参考文献49、六〇ページ）。要するに、学習者は対象を認識することで自己を再認識し、批判的な意味形成の主体になるというのである（参考文献49、六二ページ）。

チリに来て三年が経ち、フレイレは「農業改革に関する訓練と調査の機関」に勤めるようになった。チリでの滞在中、教育省、農業改革公社でも働いている。こうした経験から彼は、ますます「農民の学び」に参加し、あわせて政治的な状況も考察した。彼は、キリスト教民主党内の亀裂がはっきりしてきている、と的確に見抜いていた。

（3）　原著では独立革命運動。南部コンセプシオン市で革命的な青年たちによって組織されたもの。

その後、アジェンデ人民連合政権下のチリを訪問したフレイレは、「階級闘争というものの具体的なイメージを、そのもっとも多彩な姿において目撃しようとするならば、その者はすべからくチリを訪れるべきである」（前掲書、四七ページ）と告げ、端的にアジェンデの窮状を著書『希望の教育学』（里見実訳、太郎次郎社、二〇〇一年）で次のように分析している。

「権力は、依然として支配階級のもとにあり、他面、政治の舵をとる政府は、支配階級と敵対する諸力、進歩的な諸勢力とともにある機関として存在した」（四七ページ）

この不安定な事態を一気に暴力で解消したのが、軍部によるクーデターであった。

クーデター直前の一九七三年七月、フレイレはチリにいた。乳児のミルクもなければ鶏肉もなく、医薬品も市場から消えている状況に直面した彼は、物不足に対する市民の抗議に対して、店側が「アジェンデに投票した奴らが悪いのだ」と応答しているのを聞くことになる。こうした事態に遭遇しても、物不足を嘆き、残念だ、とフレイレは言わなかった。アジェンデ政権の打倒を画策する支配階級の仕掛けを見抜いていたからである。彼らが物不足をつくり出し、アジェンデを追い詰めようとしている、とフレイレは理解していた。

物不足を嘆くどころか、彼は、当時のチリに明るい「未来」を見ていた。ヌエバ・アバナ（『希望の教育学』においては「ヌエバ・アバナ」と表記されているが、ヌエバ・ラ・アバナ［Nueva La Habana］のこと。サンティアゴ市の東南部に位置するキャンプ［不法占拠地区］）のスラム街に行き、民衆の学習活動を見学したのである。

「バス学校」（アジェンデ政府が提供したバスを教室に見立てた学校）に子どもたちがやって来る。「バス学校」は、夜には成人の識字教室になる。ここでの学びの熱気と教育の営みは、「まさに希望のそれである」（前掲書、四九ページ）と彼は語っている。

そして、「この街で民衆の高度な自治能力と自己組織化能力を目の辺りに見」、「しだいに具体化していく民衆的・民主主義的・進歩的な教育に、熱い期待を寄せ」（前掲書、二六四ページ）たのである。

残念ながら、時すでに遅く、暴力的破壊は秒読みに入っていて、「未来」は風前の灯であった。流血のクーデターが起こった。言うまでもなく、ヌエバ・アバナは破壊され、一九七三年九月、その指導者は暗殺された（前掲書、二六四ページ参照）。軍事独裁支配下では、ポブラシオン（低所得者層居住地区）「ヌエボ・アマネセール」となった。

こうして、格差からの解放を導く一筋の光明は、あっけなく吹き消されることになった。

チリ革命の研究といえば、アジェンデ政権の命運を叙述し、あるいは問題点を究明するといった論文が多いようだ。サンティアゴの中心部から離れたスラム街で芽吹いていた「未来」を伝えるフレイレの『希望の教育学』には、チリのもう一つの歴史が描かれているように思える。

あとがき

天国の父に宛てた手紙とレポートを書くというとんでもない発想のヒントとなったものがあった。あまりに恐れ多いことだが、勇気を奮い起こして白状すれば、ゲーテの『イタリア紀行（全三巻）』（相良守峰訳、岩波文庫、一九六〇年）である（ゲーテさん、ごめんなさい）。

ゲーテは、一七八六年から一七八八年にかけてイタリアを旅行しているが、そのきっかけの一つが父親のイタリア贔屓《ひいき》にあった、と言われている。翻訳者の相良守峯は、この本の解説で次のように述べている。

――ゲーテ個人のイタリアへの関心は、すでに少年のころ、故郷フランクフルトにおいて父の愛蔵していたゴンドラ船の模型によって萌していたものである。（上巻、四ページ）

もちろん、詩人ならではの悩みと期待をもって旅立つのだが、父親とのかかわりも捨てがたいようだ。

私の部屋には、何回模様替えをしても、目に見えるところに鎮座している一冊の本がある。『インカ—昔と今—』（岩波写真文庫197）だ。奥付を見ると、「発行年一九五六年、定価一〇〇円」とある。父が南米に出張するころに買ったものであることが分かる。なぜかこの本が私の手元にあり、長い間出番を待っていた。

表紙には、先住民の女性二人が帽子をかぶり、ショールを身につけて立っている写真が掲載されている。お世辞にも美しいとは言えない、いささか薄汚れた、生活感がにじむ身なりである。六〇年以上、三回の引っ越しと何回もの模様替えに耐えて、じっと慎ましく出番を待っていてくれた。この写真集に励まされるように、私はメキシコとチリに向うことになる。

「さあ、行こう」と決意するまで、途方もなく長い時間がかかった。父が働き盛りの約八年を捧げたチリに鉱山地質技師としてのありようを追うとすれば、観光気分で出掛けるわけにはいかない。父の生き様に見合った、なおかつ私ならではの課題意識をもって訪問したい。中南米に光を当てる際、独自の角度がなくては父の奮闘の姿を相対化することはできない。逡巡が続いた。

『インカ—昔と今—』（岩波写真文庫　197）

「待てば海路の日和あり」とでも言おうか、突然、幸運が舞いこんだ。当時、職場の同僚であった落合一泰氏（現在：明星大学学長）が、魅力的な科学研究プロジェクト「メキシコ独立記念日の文化人類学的研究——西洋化した非西洋圏社会における二〇世紀経験」に参加しないか、と誘ってくださったのだ。私の担当は、独立記念日のありようについてメキシコとクルグスタン（同じく非西洋圏中央アジアの国）とで比較することであった。

一九九一年に旧ソ連邦から独立したばかりのクルグスタンでの独立記念日の祝い方を調査し、メキシコでのそれと比較する。民族や文化アイデンティティに注目して人間形成を考えてきた私にとっては願ってもない機会であった。つまり、落合氏の誘いがなければ本書はできなかったわけで、落合氏には心から感謝せずにはいられない。

中南米について素人の私が、おずおずと、時には勇んでメキシコとチリに踏みこめたのは、友人たちの絶大な援助があったからである。メキシコ教育史研究を牽引する青木利夫氏（広島大学大学院教授）は、関連文献や論文のリストを送ってくださり、さらに何度も拙稿を読んでは貴重なアドバイスをくださった。何とお礼を申し上げてよいやら分からない。

現地調査時には、落合氏や青木氏のほかにもさまざまな人たちのお世話になった。在チリ日本大使館から行き届いた援助をいただいた。訪問先について相談に乗ってくださり、調査先のアポ取りまで助けてくださった。当時ＪＩＣＡの企画調査員としてチリ事務所で活躍していた伊藤珠代氏には、調査先との連絡から散策のサポートまで援助していただいた。アルゼンチン研究者の武田優子氏と、スペイン語が大好きな藤枝康子氏が現地で同行してくださった。

こうした方々のおかげで充実した楽しい時間をもつことができた。心からお礼を申し上げたい。

さらには、資料収集にかかわり、岡田進氏、曽根直子氏の手助けを得た。容易に手にできない資料を集めていただき、深く感謝している。また、里山保全活動の仲間である木下紀喜氏や山田純稔氏、田口広司氏は、私も知らなかった父の写真や原稿を見つけてくださった。とてもありがたかった。そして、新評論の武市一幸氏からも大きな援助を得た。心から感謝している。

身内のことを書くのは難しい。ほめすぎとか、けなしすぎとかといった印象を与えがちなため、とかく読み手は引いてしまうものだ。それでも、父の生き様を相対化するうえでは、父との間にあった時間的、空間的距離感がむしろ役立ったのかもしれない。要は、父の世代がどのように生き、また生きざるを得なかったかの「小史」を、いわば「名もなきひとりの庶民の物語」として書きたかったわけである。

最後に、真正面からはとうとう言えずじまいであった言葉で締めくくりたい。

「ありがとう、パパ！」

関　啓子

参考文献一覧

①天野芳太郎・義井豊（写真）『ペルーの天野博物館』岩波グラフィックス15、一九九三年
②磯見博『五萬分の一地質図幅説明書　近江長浜』地質調査所、一九五六年
③出岡直也「チリにおける民主主義の崩壊に関する諸説の一整理」『法學研究』第七五巻第一号、二〇〇二年
④五木寛之『五木寛之全紀行4　戒厳令下の青春』東京書籍、二〇〇二年
⑤稲村哲也、川本芳「アンデスのラクダ科動物とその利用に関する学際的研究：文化人類学と遺伝学の共同」『国立民族学博物館調査報告』第五五巻、二〇〇五年、［みんぱくリポジトリより］
⑥井野茂雄「ドキュメンタリー映画『チリの闘い』について」『社会評論』二〇一九年冬号
⑦井上ひさし『ボローニャ紀行』文春文庫、二〇一〇年／二〇一八年
⑧猪郷久義「藤本治義先生を悼む」『化石』［日本古生物学会機関誌］一九八三年三三号
⑨上田義彦（写真）『ペルー　アルパカ』（文・原研哉）株式会社良品計画、二〇一二年
⑩牛田千鶴「教育の拡充と平等化を目指す就学支援の取り組み」、畑惠子・浦部浩之編『ラテンアメリカ地球規模課題の実践』新評論、二〇二一年
⑪エジュノール、ジャン・ヴァン／小笠原豊樹訳『亡命者トロツキー　１９３２－１９３９』草思社文庫、二〇一九年
⑫大串和雄『ラテンアメリカの新しい風』同文舘、一九九五年
⑬大島博光『愛と革命の詩人ネルーダ』国民文庫、一九七四年

⑭小倉英敬『メキシコ時代のトロツキー　１９３７−１９４０』新泉社、二〇〇七年
⑮オッペンハイマー、アンドレス／渡邉尚人訳『ラテンアメリカの教育戦略　急成長する新興国との比較』時事通信社、二〇一四年
⑯加藤薫『ラテンアメリカ美術史』現代企画室、一九八七年
⑰加藤薫『メキシコ壁画運動』現代図書、二〇〇三年
⑱ガルセス、ホアン・Ｅ／後藤政子訳『アジェンデと人民連合』時事通信社、一九七九年
⑲木村秀雄「農地改革期クスコ農村社会の多様性と制度」『アンデス・アマゾン研究』vol.１、二〇一八年
⑳小松左京『歴史と文明の旅（下）』文芸春秋、一九七三年
㉑近藤元子「コラム４　格差社会チリにおける教育自由化」、後藤政子・山崎圭一編『ラテンアメリカはどこへ行く』ミネルヴァ書房、二〇一七年
㉒斎藤幸平『人新世の「資本論」』集英社新書、二〇二〇年
㉓斉藤泰雄『教育における国家原理と市場原理　チリ現代教育政策史に関する研究』東信堂、二〇一二年
㉔スリータ、ラウル「チリの詩と社会」、細野昭雄・松下洋・滝本道生編『チリの選択　日本の選択』毎日新聞社、一九九九年
㉕関啓子『「関さんの森」の奇跡――市民が育む里山が地球を救う』新評論、二〇二〇年
㉖関武夫「伊吹山及びその附近の紡錘虫石灰岩の化石に就て（予報）」『地質学雑誌』Vol.45、No.53、一九三八年
㉗関武夫「伊吹山附近秩父系の層序及び構造に就て」『矢部教授還暦記念論文集』一九三九年
㉘関武夫「チリ国鉄鉱事情とアタカマ鉱業」『鉱山地質』14（67）、一九六四年

㉙関武夫『写真で見る　自然と歴史をたどる散歩道　新松戸・小金周辺』一九九〇年
㉚セプルベダ、ルイス／旦敬介訳『ラブストーリーを読む老人』新潮社、一九八九年
㉛セプルベダ、ルイス／河野万里子訳『カモメに飛ぶことを教えた猫』白水社、一九九八年
㉜セプルベダ、ルイス／杉山晃訳「ヤカレー」『センチメンタルな殺し屋』所収、現代企画室、一九九九年
㉝田中彰「原料開発輸入体制の形成史における商社・メーカー協調――総合商社の機能と鉄鉱石商権」『經濟論叢（京都大学）』第一五四巻第五号、一九九四年一一月（京都大学学術情報リポジトリKURENAI）
㉞田中小実昌『サンチャゴふらふら』トラベルジャーナル、一九九二年
㉟タベーヌ、オリヴィエ・ルオー、フレデリック／太田佐絵子訳『地図で見るラテンアメリカハンドブック』原書房、二〇二〇年
㊱東京書籍出版編集部編『アルパカ』東京書籍、二〇〇九年
㊲富山妙子『中南米ひとり旅』朝日新聞社、一九六四年
㊳友枝啓泰・藤井龍彦・山本紀夫・盛野三利編『アンデス文明』（『第アンデス文明展：図録』）、朝日新聞大阪本社企画部、一九八九年
㊴中村良夫『風土自治』藤原書店、二〇二一年
㊵西川長夫「『向こう岸』からの問いかけ」、西川長夫・西毅彦編『ラテンアメリカからの問いかけ』人文書院、二〇〇〇年
㊶日本地学史編纂委員会「日本地学の展開（大正13年〜昭和20年）」『地学雑誌』113（3）二〇〇四年
㊷ネルーダ、パブロ／野谷文昭訳『マチュピチュの頂』書肆山田、二〇〇四年
㊸ネルーダ、パブロ／田村さと子訳編『ネルーダ詩集』思潮社、二〇〇四年

㊹ネルーダ、パブロ／松本健二訳『大いなる歌』現代企画室、二〇一八年
㊺野口悠紀雄『戦後日本経済史』新潮選書、二〇〇八年／二〇〇九年
㊻半藤一利『昭和史１９２６－１９４５』平凡社、二〇〇九年
㊼廣田拓「社会運動：民主主義の深化に果たすその役割」ラテン・アメリカ政経学会編『ラテン・アメリカ社会科学ハンドブック』新評論、二〇一四年
㊽フランクリン、ジョナサン／共同通信社訳『チリ33人　生存と救出、知られざる記録』共同通信社、二〇一一年
㊾フレイレ、パウロ／里見実訳『希望の教育学』太郎次郎社、二〇〇一年
㊿フレイレ、パウロ／三砂ちづる訳『新訳　被抑圧者の教育学』亜紀書房、二〇一一年
(51)保阪正康監修『半藤一利　語りつくした戦争と平和』東京新聞、二〇二一年
(52)細野昭雄・工藤章・桑山幹夫編著『チリを知るための60章』明石書店、二〇一九年
(53)増田義郎『物語ラテン・アメリカの歴史』中公新書、一九九八年／二〇一七年
(54)三菱鉱業セメント株式会社『三菱鉱業社史』同社総務部社史編纂室、一九七六年
(55)三菱商事株式会社『三菱商事社史・下巻』三菱商事株式会社、一九八六年
(56)向一陽『アタカマ高地探検記』中公新書、一九七四年
(57)村上春樹『猫を棄てる』文藝春秋社、二〇二〇年
(58)森村泰昌・藤森照信・芸術新潮編集部『フリーダ・カーロのざわめき』新潮社、二〇〇七年
(59)山本紀夫「インディオの高原」、高野潤『大いなる山脈　アンデスの貌』教育社、一九八六年
(60)山本紀夫『中央アンデス農耕文化論――とくに高地部を中心として』国立民族学博物館調査報告一一七、

二〇一四年
㉛山本博文「根尾南部地域および伊吹山地域の美濃帯中・古生層」（『地質学雑誌』九一巻五号、一九八五年
㉜吉川恵章『金属資源を世界に求めて』信山社、一九九二年
㉝吉田栄人編『メキシコを知るための60章』明石書店、二〇〇五年
㉞吉田太郎『世界がキューバの高学力に注目するわけ』築地書館、二〇〇八年
㉟渡辺尚志『殿様が三人いた村』崙書房出版、二〇一七年
㊱渡辺尚志『近世の村と百姓』勉誠出版、二〇二一年
㊲Diego Rivera, *MY ART, MY LIFE: An Autobiography*, Dover, New York, 1960

雑誌、新聞、その他

・『金属資源レポート』二〇〇五年、一一月号、独立行政法人エネルギー・金属鉱物資源機構
・『地質ニュース』一九七三年一月号、産総研地質調査総合センター
・『応用地質』一九六三年四巻四号、日本応用地質学会
・『週刊朝日百科116　世界の地理　ラテン・アメリカ　ペルー　ボリビア　チリ』一九八六年
・『朝日新聞』一九八八年九月一一日付、一九八九年二月五日付朝刊、一九九〇四月一〇日
・『大アンデス文明展：図録』朝日新聞大阪本社企画部、一九八九年
・『グレート・ネイチャー：大接近！　躍動の砂漠と氷河の剣～南米アンデス・アタカマ』ＮＨＫ　ＢＳプレミアム
・「サンティアゴ案内」二〇〇六年八月、在チリ日本大使館

・ドキュメンタリー映画『チリの闘い』一九七五年〜一九七八年。
・EQUIPE DE CINEMA No.207

著者紹介

関　啓子（せき・けいこ）
1948年生まれ、一橋大学大学院社会学研究科博士課程修了。
一橋大学名誉教授　博士（社会学）、ノンフィクション作家。
主な著書として、
『クループスカヤの思想史的研究』（新読書社、1994年）
『多民族社会を生きる――転換期ロシアの人間形成』（新読書社、2002年）
『アムールトラに魅せられて――極東の自然・環境・人間』（東洋書店、2009年）
『環境教育を学ぶ人のために』（御代川貴久夫・関啓子　世界思想社、2009年）
『コーカサスと中央アジアの人間形成』（明石書店、2012年）
『トラ学のすすめ――アムールトラが教える地球環境の危機』（三冬社、2018年）
『「関さんの森」の奇跡――市民が育む里山が地球を救う』（新評論、2020年）
などがある。

超時空通信
――鉱山地質技師であった父とめぐる中南米――

2023年12月15日　初版第1刷発行

著者　関　啓子
発行者　武市一幸

発行所　株式会社　新評論

〒169-0051
東京都新宿区西早稲田3-16-28
http://www.shinhyoron.co.jp

電話　03(3202)7391
FAX　03(3202)5832
振替・00160-1-113487

落丁・乱丁はお取り替えします。
定価はカバーに表示してあります。

印刷　フォレスト
製本　中永製本所
装丁　山田英春

ISBN978-4-7948-1253-7

好 評 既 刊

畑恵子・浦部浩之　編

ラテンアメリカ　地球規模課題の実践

核軍縮、環境保全から人権擁護、市民社会運動の国際連帯まで、「地球規模課題」に挑むラテンアメリカ社会の先駆的実践から考える

A5 並製　332 頁　3300 円　ISBN978-4-7948-1168-4

国本伊代　編

ラテンアメリカ　21 世紀の社会と女性

1990 年代以降、国際社会の後押しを受けて、女性の地位向上に努めてきた中南米・カリブ 20 カ国の「いま」を照射する大作！

A5 並製　392 頁　4180 円　ISBN978-4-7948-1024-3

ラテン・アメリカ政経学会　編

ラテン・アメリカ社会科学ハンドブック

第一線の専門家が経済・政治・社会の重要なトピックを平易に解説。研究のみならず国際交流やビジネスの分野でも役立つ最良の手引き！

A5 並製　296 頁　2970 円　ISBN978-4-7948-0985-8

佐野 誠

「もうひとつの失われた 10 年」を超えて

原点としてのラテン・アメリカ

問題の起源と展開を理論と実証の両面から検証し直し、今日置かれている状況を根底から批判的にとらえ返すためのグローバルな視座を開示する。

A5 並製　304 頁　3410 円　ISBN978-4-7948-0791-5

国本伊代

改訂新版　概説ラテンアメリカ史

コロンブスによるアメリカ大陸「発見」以降に出現した今日ラテンアメリカと呼ばれる地域の歩みを概説する初学者向通史の改訂新版。

A5 並製　296 頁　3300 円　ISBN978-4-7948-0511-9

＊表示価格はすべて税込み価格です